Sandwich & Toast

Unser Verlagsprogramm finden Sie unter
www.christian-verlag.de

Produktmanagement: Tanja Germann
Textredaktion: Anja Ashauer-Schupp
Korrektur: Julia Kaufhold
Layout, Satz und Umschlaggestaltung:
griesbeckdesign, München

Text und Rezepte: Margit Proebst
Fotografie: Fotos mit Geschmack, Ulrike Schmid
und Sabine Mader
Foodstyling: Margit Proebst

Printed in Italy by Printer Trento

Die Deutsche Nationalbibliothek verzeichnet diese Publikation in der Deutschen Nationalbibliografie; detaillierte bibliografische Daten sind im Internet über http://dnb.d-nb.de abrufbar.

2. Auflage 2013

ISBN 978-3-88472-975-5

Alle Angaben in diesem Werk wurden von der Autorin sorgfältig recherchiert und auf den aktuellen Stand gebracht sowie vom Verlag geprüft. Für die Richtigkeit der Angaben kann jedoch keinerlei Haftung übernommen werden. Für Hinweise und Anregungen sind wir jederzeit dankbar. Bitte richten Sie diese an:

Christian Verlag
Postfach 400209
80702 München
E-Mail: lektorat@verlagshaus.de

Wir bedanken uns bei der Firma Herder GmbH & Co. KG für die Bereitstellung der Windmühlenmesser aus Solingen.

MARGIT PROEBST

Sandwich & Toast

100 Rezepte von Bruschetta bis Smørrebrød

CHRISTIAN

Inhalt

Rund ums Toastbrot 74

Belegte Brote und Brötchen 110

Warme Brote 158

Vorwort

Stulle, Bemme, Bütterchen – in jeder Region kennt man einen Ausdruck fürs *belegte Butterbrot.* Was gibt es auch Besseres, wenn man richtig Hunger hat, als ein mit kühler Butter bestrichenes frisches, knuspriges Brot? Ein Apfel dazu, schon ist man gerüstet für die Zugfahrt, für den Tag in der Schule oder an der Uni oder für die Mittagspause im Büro.

Einfache Genüsse sind prima, manchmal darf es aber gerne ein wenig ausgefallener zugehen, stimmt's? Für Gäste beispielsweise sind raffiniert belegte Crostini und Tramezzini, überbackene Toasts oder fein gefüllte Brote angesagt. Auf den folgenden Seiten finden Sie die passenden Rezepte mit Bildern, die Ihnen *den Mund wässrig machen* werden. Viel Spaß beim Schmökern!

Es ist angerichtet

Das gemütliche Mittagessen muss wegen Arbeit und Terminen ausfallen? Da kommen *belegte Sandwiches, Brötchen und Brote* gerade recht: schnell und unkompliziert aus der Hand gegessen – praktischer geht´s nicht!

Sandwiches und Co. allerdings nur als Notlösung für die Augenblicke zu betrachten, bei denen für eine »richtige« Mahlzeit keine Zeit ist, hieße, sie zu verkennen. Vom einfachen Butterbrot bis zum kunstvoll belegten Sandwich ist jede Menge Platz für kulinarische Köstlichkeiten, die locker mit anderen Gerichten mithalten können. Manche haben sogar das Potenzial zum Leibgericht! Für mich ist das beispielsweise das Falafel-Sandwich (siehe Seite 176): Pitabrot, gefüllt mit knusprigen, orientalisch gewürzten Kichererbsenbällchen, cremiger Sesamsauce und knackigem Salat – dafür lasse ich den feinsten Braten stehen!

Für viele ersetzen Brote und Brötchen nicht das Mittagessen, sie lieben vielmehr ihr »Abendbrot«: ein belegtes Brot, mit Wurst oder Käse, vielleicht eine aufgeschnittene Tomate oder ein paar Gürkchen dazu. Immer dasselbe? Muss nicht sein! Mit ein wenig Fantasie (und den Rezepten ab Seite 114) kommt Abwechslung auf Ihren Teller. Wie wäre es statt Wurst und Käse mal mit Tomate und Räuchermakrele? Oder mit spanischer Kartoffeltortilla? Probieren Sie's aus, schmeckt fabelhaft!

So fing alles an

Wussten Sie, dass wir das Sandwich der Spielleidenschaft eines englischen Adligen zu verdanken haben? John Montagu (1718–1792), vierter Earl of Sandwich, war leidenschaftlicher Spieler. Um eine Partie nicht unterbrechen zu müssen, wies er seinen Koch an, ihm ein zwischen zwei Brotscheiben geklemmtes Stück Braten an den Spieltisch zu bringen. Voilà, das Sandwich war erfunden – und trägt bis heute seinen Namen. Etwa ab der Mitte des 18. Jahrhunderts finden Sandwiches in der englischen Literatur Erwähnung. Sie wurden zuerst bei abendlichen Herrengesellschaften gereicht, im 19. Jahrhundert dann fanden sie Eingang in die britische Teekultur. Die praktischen Häppchen, die auch Damen zierlich zum Tee knabbern konnten, wurden überaus beliebt. Und dank der Fantasie der Köche wurde die Auswahl der Aufstriche und Beläge zunehmend größer und vielfältiger.

Die Entdeckung der Sandwiches blieb jedoch nicht auf die Britischen Inseln beschränkt. Ende des 19. Jahrhunderts erkannte man auch in Italien das Potenzial lecker belegter Doppeldecker: Dort nannte man sie Tramezzini. Bis heute sind sie als Imbiss oder als schneller Ersatz fürs Mittagessen – weit über die italienischen Grenzen hinaus – in aller Munde. Italien ist daneben die Heimat von Crostini und Bruschetta, kleinen warmen Broten, die hervorragend zum Aperitif oder einem Glas Wein munden.

Die französische Antwort auf Crostini heißt Croûtons – kleine, feine Häppchen für die Freunde stilvoller Genüsse. Doch auch Frankreich hat noch mehr zu bieten: Belegte Baguettes bringen Schüler, Studenten und Arbeitnehmer über den Tag. Im Süden lockt zur Mittagszeit eine besondere Spezialität: das Pain bagnat (siehe Seite 152), unwiderstehlich saftiges, mit Nizzasalat gefülltes Weißbrot! Wer etwas Warmes bevorzugt, genießt überbackene Toasts wie den Croque Monsieur (siehe Seite 162).

Anfängertauglich

Kochen ist nicht gerade Ihre Leidenschaft? Dann sind Tramezzini und Co. gerade das Richtige für Sie, um Gäste zu bewirten. Auch Küchenneulinge können damit glänzen. Ihr Vorteil: Alles lässt sich in Ruhe vorbereiten. Koch- und Servierstress haben keine Chance und der Gastgeber kann ganz entspannt mit seinen Gästen feiern. Mit ein paar belegten Broten ist es nicht getan, Sie möchten schon etwas Besonderes auftischen? Dann sehen Sie sich mal um bei den Tramezzini-Rezepten ab Seite 87 oder bei den belegten Baguettes ab Seite 145. Mit den ausgefallenen Aromen und ungewöhnlichen Kombinationen überzeugen Sie auch Gourmets.

Schon eine Nummer aufwendiger sind Crostini, Croûtons und andere warme Snacks. Aber auch vor deren Zubereitung müssen Kochanfänger keine Bedenken haben. Bereiten Sie alle Zutaten wie Aufstriche, Beläge und Garnitur vor und stellen Sie sie griffbereit. Das Brot ist auf dem Blech, der Backofen ist vorgeheizt? Prima! Wenn Ihre Gäste nach und nach eintreffen, rösten Sie immer wieder einen Schwung Brote im Backofen. Bestrichen und belegt sind sie schnell. Das erste Ah und Oh Ihrer Gäste, die in die knusprigen Häppchen beißen, nimmt Ihnen garantiert die letzte Nervosität.

Für den großen Hunger

So richtig was für den großen Hunger sind die gefüllten Pita- und Fladenbrote. Die Pitabrote können Sie im türkischen Laden kaufen oder selber backen (siehe Seite 32). Ob mit Würstchen und scharfem Krautsalat, mit würzigen Lammköfte, Falafel oder gegrilltem Gemüse – hier werden alle satt und zufrieden. Die Brote dafür können Sie bei 100 °C im Backofen aufbacken, noch besser aber werden sie im Kontaktgrill. Kross und warm, mit hübschen Grillstreifen versehen, so schmecken Pita und Co. einfach umwerfend. Gilt übrigens auch für gefüllte Focaccia (siehe beispielsweise Seite 180)!

Im Kontaktgrill wird das Brot herrlich knusprig, die Füllung warm und zart schmelzend – ein Gedicht!

Kleine Helfer

Küchenmesser muss man haben, Sparschäler, Zestenreißer und Ausstechformen sind nützlich, aber nicht zwingend notwendig.

Salat sorgt für *Frische und knackigen Biss* bei Sandwich & Toast. Und fürs Auge ist er auch was.

Frische Kräuter bringen reichlich *Aroma, Vitamine und Mineralstoffe* – damit sollten Sie nicht sparen.

Für den Vorrat: Buttermischungen und Frischkäsevariationen bleiben in dicht schließenden Dosen im Kühlschrank einige Tage frisch.

So einfach und so praktisch: Ein Brett und ein Küchenmesser – mehr brauchen Sie nicht, um schon einen erklecklichen Teil der Rezepte in diesem Buch zu verwirklichen. Für hart gekochte Eier, Hähnchenbrust und Co. kommen Topf und Pfanne hinzu, die haben sie sicher. Ein Pürierstab ist für Cremes und Aufstriche von Vorteil, zur Not hacken Sie die Zutaten mit dem Messer klein und mengen alles unter Butter oder Frischkäse.
Hatte ich das große scharfe Messer erwähnt? Genau, Sandwiches werden häufig entrindet, das brauchen Sie wirklich! Sparschäler (zum Schälen von Gurken und zum Hobeln von Parmesan), Zestenreißer (zum Abziehen von Orangen- und Zitronenschale) und Kugelausstecher (zum Aushöhlen von Gurken etc.) gehören in die Kategorie »sind nützlich, kann man haben«. Sie sehen, ein leckeres Sandwich können Sie sich in der winzigsten Teeküche zubereiten.

Die Kür

Ganz so spartanisch geht es bei Ihnen ohnehin nicht zu? Außerdem möchten Sie Ihre Familie und Ihre Gäste gelegentlich mit Feinerem bewirten? Gut so! Für französische Croûtons beispielsweise sind Metallausstechformen sehr praktisch. Ein Toaster tut gute Dienste, um dem Brot knusprige Bräune zu verleihen. Und ein Kontaktgrill erweitert Ihre Möglichkeiten ungemein. Damit bringen Sie knusprige warme Brote auf den Tisch, die nicht nur den kleinen Hunger zwischendurch vertreiben, sondern als komplette Mahlzeit fungieren können. Diejenigen, die die Brotrezepte (ab Seite 18) ausprobieren möchte, benötigen noch ein Handrührgerät mit Knethaken oder, noch besser, eine Küchenmaschine.

Frische aufs Brot

Ein wenig Salat, ein paar Gurken- und Tomatenscheiben – damit schmecken Sandwich und Co. gleich noch mal so gut. Allerdings brauchen Sie immer nur wenige Blätter Salat, ein kleines Stück Gurke oder eine Tomate. Was also tun mit den Resten? Lösen Sie alle Blätter vom ganzen Salatkopf, putzen und waschen Sie sie und lassen sie in einem Sieb abtropfen. Was Sie gleich fürs Sandwich brauchen, tupfen Sie mit Küchenpapier trocken, damit der Salat das Brot nicht aufweicht. Den Rest geben Sie, noch ein wenig feucht, locker in eine Plastiktüte und legen diese ins Gemüsefach des Kühlschranks. Durch Kälte und Feuchtigkeit bleibt der Salat einige Tage knackig. Wer ansonsten kein Salatfan ist, ist mit Eisbergsalat und Radicchio am besten bedient, die halten am längsten. Der Rest Salatgurke wartet im Kühlschrank auf seinen nächsten Einsatz, lässt sich aber auch prima einfach so knabbern. Tomaten lieben es warm, die sollten Sie bei Zimmertemperatur lagern.

Frische Kräuter bringen Farbe und Aroma ins Spiel. Auch davon brauchen Sie oft nur einige Zweige. Basilikum schmeckt frisch geerntet am besten. Wer es gerne isst, sollte am besten ein Stöckchen auf der Fensterbank haben. Ansonsten gilt für Kräuter Ähnliches wie für Salat: In feuchtkaltem Klima halten sie am besten. Wickeln Sie die frisch gekauften Bunde in angefeuchtetes Küchenpapier, stecken Sie sie so in eine Plastiktüte und ab damit ins Gemüsefach des Kühlschranks. Schnittlauch, Petersilie und Minze halten so vier oder fünf Tage. Dill und Koriandergrün sind empfindlicher, die sollten Sie innerhalb von drei Tagen aufbrauchen.

Gut aufbewahrt

Vom Aufstrich ist was übrig geblieben? Prima, da machen Sie demnächst gleich noch mal ein paar leckere Sandwiches oder Brote. Sind Knoblauch oder Zwiebel mit von der Partie, sollten Sie Butter- oder Frischkäsemischungen möglichst rasch verbrauchen. Alle anderen bleiben in dicht schließenden Dosen einige Tage frisch.
Sehen Sie die Rezepte im Buch einfach als Anregung: Sie können sie nach Lust und Laune, und je nachdem was Ihr Kühlschrank gerade hergibt, neu kombinieren.

Im Alltag essen Sie Ihr Sandwich aus der Hand oder packen es zum Mitnehmen in Klarsichtfolie, in eine Papiertüte oder Kunststoffbox. Belegte Brote und überbackene Toasts kommen auf Alltagsteller, fertig! Die Präsentation von Crostini, Croûtons und Pinchos, Sandwiches, Tramezzini und belegten Brötchen für Gäste dagegen darf gerne etwas stilvoller sein. Schöne Platten und Teller sind eine Möglichkeit. Arrangieren Sie die fertigen Häppchen oder Sandwiches ansprechend darauf und legen Sie kleine Cocktailservietten dazu. So kann jeder Gast die Brote aus der Hand verzehren und hat dabei eine schützende Unterlage, die verhindert, dass Belag oder Deko auf dem Boden landen. Für größere Runden reichen Ihre Bestände an geeigneten Platten nicht aus? In dem Fall besorgen Sie im Großmarkt Aluplatten, die Sie mit Servietten, Tortenspitze oder Bananenblatt belegen. Sie sind ganz leicht, preiswert und einige Male wiederverwendbar.

Ein neuer Trend geht in Richtung Mini-Teller, sprich jedes Häppchen wird einzeln auf einem Tellerchen angerichtet, das sich der Gast dann nimmt. So eine Parade hübsch dekorierter Einzelhäppchen macht auf dem Büfett viel her. Der Vorteil: Abgegessene Platten gehören der Vergangenheit an. Gibt es später noch ein Dessert, so stellen Sie dieses portioniert und dekoriert in Mini-Gläsern bereit – ebenfalls in Mode! Die Mini-Teller bekommen Sie in Waren- und Einrichtungshäusern, glücklicherweise auch zum Mini-Preis.

Dem Anlass entsprechend

Was Sie anbieten und wie Sie das Angebotene präsentieren, richtet sich nach dem Anlass Ihrer Feier und Ihren Gästen. Angenommen, Sie laden zu einem Umtrunk und haben sich für italienische Crostini und Tramezzini entschieden. Besitzen Sie hübsche Keramikteller aus Sizilien oder Terracottaformen aus der Toskana? Perfekt! Darauf oder darin bieten Sie die Häppchen an. Das schafft gleich die passende Atmosphäre. Sie haben nichts dergleichen im Fundus? Wie wäre es dann mit Servietten in den italienischen Landesfarben? Kräutertöpfchen mit Basilikum, Rosmarin und Thymian geben die passende Büfett- oder Tischdeko ab (und finden danach bestimmt ein Plätzchen auf der Fensterbank in der Küche). Nun noch eine CD mit italienischen Schlagern oder Opernarien aufgelegt und die »Notte italiana« kann steigen.
Für eine deftige bayerische Brotzeit, bei der Sie Brote mit Schweinebraten, Obatzdem und Apfelschmalz servieren, richten Sie alles auf rustikalen Holzbrettern an. Eine karierte Tischdecke, zünftige Bierkrüge und Servietten in weiß und blau tun ihr Übriges, um bayerisches Flair in jede Stube zu zaubern.
Nach dem gleichen Prinzip finden spanische Pinchos auf gelben und roten Servietten oder gleich als Tapas auf Sherrygläsern Platz. Knusprige französische Croûtons dagegen verführen ganz stilvoll auf edlen Tellerchen und Spitzendeckchen zum Zugreifen.

Trauen Sie sich!

Für ein junges, hippes Publikum muss es nicht immer stilgerecht und edel zugehen, manchmal genügt ein wenig Fantasie. Präsentieren Sie Tramezzini und Co. doch mal in ungewöhnlichen Behältnissen wie Spanschachteln, Kartons oder Ähnlichem. Oder stapeln Sie Bagels oder belegte Brötchen, einfach durch Butterbrotpapier getrennt, auf Zeitungspapier oder in schönen Obststeigen aus Holz. Wählen Sie verschiedene trendige, ausgefallene Sandwichbeläge und stellen Sie einen – oder mehrere – Kasten der gerade angesagten Biermarke daneben. Der Überraschungseffekt ist garantiert – kann sehr cool wirken und mehr Eindruck machen als teure Silberteller und edles Besteck.

Wer regelmäßig Gäste einlädt und gerne dekoriert, hat meist eine Auswahl hübscher Accessoires für Tisch- und Büfettdekorationen zu Hause. Alle anderen werden in Warenhäusern, Deko- und Papierwarenläden fündig.

Schön präsentiert

Klein, aber fein: Crostini, Croûtons, Pinchos und Mini-Sandwiches verlocken zum Zugreifen auf hübschen Platten und Tellern.

Dem Anlass oder Motto entsprechend: *Farblich passende Servietten* schaffen Atmosphäre.

Ungewöhnliche Behältnisse wie Spanschachteln und Kartons sind *Hingucker* auf dem Büfett.

Ein neuer Trend: Alle Häppchen werden einzeln auf Tellerchen angeboten. Jeder Gast bedient sich und hat gleich die passende Unterlage.

Hmmm, welch ein Duft ...

... selbst gebackenes Brot, frisch aus dem Ofen! Den Laib fast noch lauwarm anschneiden, mit Butter bestreichen und mit etwas Salz bestreuen – dafür lässt so mancher Feinschmecker glatt ein exquisites Menü stehen. Selber backen ist Ihnen zu aufwendig? *Ach was, es ist nicht schwierig,* braucht nur etwas Zeit. Der Lohn sind außergewöhnliche Geschmackserlebnisse wie das *Ingwer-Kürbiskern-Brot* hier (siehe Seite 20), die es so nicht zu kaufen gibt.

Selberbacken – so geht's

Brotsorten gibt es hierzulande so viele, dass man uns mancherorts darum beneidet. Soll man da wirklich selber backen? Aber klar doch, ***es macht Spaß!*** Und mit den Rezepten auf den folgenden Seiten können auch Unerfahrene glänzen.

Haben Sie Lust, Teig zu kneten und hübsche Laibe zu formen? Sie in den Backofen zu schieben und gespannt auf das Ergebnis zu warten? Dann ans Werk, es ist nicht schwer!

Hefe- oder Sauerteig?

Am einfachsten (und schnellsten) gehen Hefeteigbrote. Mit fertigem Natursauerteig gelingen auch die herzhafteren Sauerteigbrote mühelos, sie brauchen aber einige Stunden, um sich richtig zu entwickeln. Schalten Sie zuerst die Heizung in Ihrer Küche an, denn der Teig benötigt Wärme. Dann wiegen Sie das Mehl ab, setzen den Teig nach dem jeweiligen Rezept an und kneten ihn so lange in der Küchenmaschine oder mit den Knethaken des Handrührgeräts, bis er sich als homogene Kugel vom Schüsselrand löst. Wie gut der Teig später aufgeht, hängt auch davon ab, wie weich er ist, und da wiederum kommt es auf die Flüssigkeitsmenge an, die Sie unterrühren. Halten Sie sich bitte genau ans Rezept und wiegen Sie die Flüssigkeit lieber ab (300 Milliliter Wasser entsprechen 300 Gramm). Bei großen Messbechern liegt man nämlich leicht mal daneben.

Nun ist Handarbeit gefragt. Geben Sie den Teig auf die leicht bemehlte Arbeitsfläche und formen Sie daraus eine Kugel: Falten Sie den Teig von der Seite her zur Mitte und drücken ihn mit dem Handballen fest an. Dann drehen Sie den Teig ein kleines Stückchen, falten ihn wieder nach innen und drücken ihn zusammen. Auf diese Art beständig nach innen falten und andrücken, bis ein fester Teigball entsteht. Die Schüssel mit etwas Mehl bestauben, den Teig umgedreht hineinlegen und mit einem Küchentuch abgedeckt gehen lassen, bis er sein Volumen verdoppelt hat. Wichtig dabei: Fenster und Türen zu! Brotteig verträgt keine Zugluft, da kann er zusammenfallen und die Mühe war vergebens.

Ist das Ende der Ruhezeit abzusehen, heizen Sie den Backofen vor, immer ein wenig höher als das Rezept verlangt. Nach dem Einschieben des Blechs schalten Sie dann auf die richtige Temperatur zurück. Beim Öffnen und Einschieben geht nämlich unweigerlich Hitze verloren, so gleichen Sie diesen Wärmeverlust aus. Neben der richtigen Temperatur ist eine hohe Luftfeuchtigkeit wichtig für ein gutes Backergebnis, sprich ein saftiges Brot mit knuspriger Kruste. Sie können dazu vor dem Einschieben die Backofenwände mit Wasser besprühen oder, was ich praktischer finde, eine ofenfeste Schale mit Wasser auf den Boden des Backofens stellen. Nun nichts wie rein mit den Teiglaiben in den Backofen und diesen während des Backens möglichst nicht öffnen! Das fertige

Brot lassen Sie noch einige Minuten auf dem Blech ruhen und setzen es dann zum Auskühlen umgedreht auf ein Kuchengitter.

Buchtipp: Wer Lust bekommen hat, sich weiter mit der Kunst des Brotbackens zu befassen, dem empfehle ich »Brot für Genießer« und »Brot und Gebäck für Genießer« von Richard Bertinet, erschienen im selben Verlag. Die Teigbearbeitung, speziell die Falttechnik, habe ich dort gelernt.

Brot aufbewahren

Sauerteigbrote halten gut eine Woche. Im Brotkasten oder Brottopf bleiben sie schön saftig und trocknen kaum aus. Denken Sie nur daran, Kasten oder Topf regelmäßig von Krümeln zu befreien und mit Essigwasser auszuwischen, dann hat Schimmel wenig Chancen. Wenn es doch passiert ist und sich grüner Flaum auf dem Brot zeigt? Dann ab damit in den Abfall! Bitte nicht nur die befallenen Stellen abschneiden, die gesundheitsschädlichen Schimmelsporen haben vermutlich das ganze Brot durchsetzt.
Weißbrot wie Baguette, Ciabatta und Ähnliches ist bereits am nächsten Tag nicht mehr ganz so lecker. Kein Problem! Im Kapitel Crostini, Croûtons und Co. finden Sie jede Menge Rezepte, um das Brot vom Vortag zu neuen Ehren kommen zu lassen. Toastbrot schließlich hält in der Packung einige Tage. In der heißen Jahreszeit können Sie es auch im Kühlschrank aufbewahren.

Alles in Butter

Schon einfache, kühle Butter auf frischem Brot ist ein Genuss. Aus Butter lässt sich aber auch einiges machen, sie ist ein toller Geschmacksträger: Kräuter, Gewürze und Knoblauch, Schinken und Lachs, getrocknete Tomaten, Oliven und Kapern – es gibt viele Zutaten, mit denen sich Butter bestens zu unwiderstehlichen Mischungen verbindet. Diese schmecken pur auf gerösteten Brotscheiben oder als aromatische Unterlage für Schinken- oder Käsesandwiches.
Ob Sie dazu Süßrahm- oder Sauerrahmbutter verwenden, ist Geschmackssache. Ich bevorzuge als Streichfett Süßrahmbutter, die aus frischer Sahne hergestellt wird und ein sahnig-mildes Aroma hat. Die Basis von Sauerrahmbutter ist gesäuerte Sahne, sie schmeckt etwas herzhafter. Bei der Zubereitung sollte die Butter weich sein, dafür nehmen Sie sie am besten 30 Minuten vorher aus dem Kühlschrank. Soll etwas Gegartes untergemischt werden, so lassen Sie dies vorher ganz abkühlen. Die Butter schmilzt sonst beim Verrühren und bekommt eine unschöne Konsistenz.
Die Buttermischungen halten sich im Kühlschrank einige Tage (in Folie wickeln oder in einer dicht schließenden Dose aufbewahren). Enthält die Würzbutter allerdings Knoblauch oder Zwiebeln, schmeckt sie nach ein, zwei Tagen oft ein wenig penetrant. Frische Kräuter verlieren mit der Zeit ihr Aroma – da ist es besser, die Mischungen kurz vor dem Verzehr zuzubereiten. Zum Aufstreichen sollte die Würzbutter Zimmertemperatur haben, also rechtzeitig aus dem Kühlschrank nehmen!

Fenster und Türen zu und Heizung an: Damit der Brotteig schön aufgeht, braucht er es mollig warm!

Karotten-Haselnuss-Brot

Da das Brot im Tontopf gebacken wird, ist es saftig und bleibt gut in Form. Die Haselnüsse sorgen zusätzlich für knackigen Biss.

ZUBEREITUNG: 45 MINUTEN
RUHEZEIT: 1 STUNDE 45 MINUTEN
BACKEN: 1 STUNDE 10 MINUTEN
ERGIBT 1 LAIB

Zutaten

500 g Weizenvollkornmehl
400 g Dinkelgrieß (oder Dinkelschrot)
60 g frische Hefe | 1 EL Honig
150 g Haselnusskerne | 250 g Karotten
1 EL Salz

Das Mehl in einer Rührschüssel mit dem Dinkelgrieß oder -schrot mischen und in die Mitte eine Mulde drücken. Die Hefe in 125 Millilitern warmem Wasser auflösen und den Honig unterrühren. Die Hefelösung in die Mulde gießen und ein wenig Mehlmischung darüberstreuen. Den Vorteig zugedeckt an einem warmen, zugluftfreien Ort 15 Minuten gehen lassen.

Inzwischen die Haselnüsse in einer Pfanne ohne Fett rösten, bis sie duften. Abkühlen lassen und die Häutchen abrubbeln. Zwei Drittel davon grob hacken, die übrigen Haselnüsse ganz lassen. Die Karotten schälen und grob raspeln.

Das Salz und 375 Milliliter warmes Wasser zum Mehl und Vorteig geben und 3 Minuten mit den Knethaken des Handrührgeräts unterarbeiten. Möhrenraspel und gehackte Haselnüsse dazugeben und 2–3 Minuten weiterkneten.

Den Teig auf die leicht bemehlte Arbeitsfläche geben, mit den Händen einige Minuten durchkneten und dabei die ganzen Haselnüsse einarbeiten. Den Teig zur Kugel formen (siehe Seite 16), in die bemehlte Schüssel legen und zugedeckt an einem warmen, zugluftfreien Ort 1 Stunde gehen lassen.

Den Tontopf 30 Minuten wässern, dann abtrocknen und mit Öl ausreiben. Den Teig noch einmal durchkneten, je nach Topfform rund oder länglich formen und hineingeben. Weitere 30 Minuten zugedeckt an einem warmen, zugluftfreien Ort gehen lassen.

Die Form in den kalten Backofen auf den Gitterrost stellen und den Ofen auf 200 °C erhitzen. Das Brot 60–70 Minuten backen. Dann herausnehmen, 10 Minuten in der Form abkühlen lassen, auf ein Kuchengitter stürzen und vollständig auskühlen lassen.

▮ SO GELINGT'S AUCH: ***Wer keinen Tontopf hat,*** *formt aus dem Teig einen Laib, legt ihn auf ein mit Backpapier belegtes Blech und lässt ihn darauf ein zweites Mal gehen. Das Brot wird auf diese Weise flacher und braucht nur knapp 1 Stunde bei 200 °C im vorgeheizten Ofen. Besonders gut schmeckt es pur mit Butter oder als Unterlage für Käsesandwiches. Wenn Sie das Brot am Vortag backen und über Nacht nur mit einem Küchentuch abgedeckt ruhen lassen, lässt es sich besser schneiden.*

Ingwer-Kürbiskern-Brot

Ein herzhafter Roggensauerteig bildet die Basis dieses aromatischen Brots. Es ist pur, aber auch mit Schinken oder geräucherter Putenbrust belegt ein Genuss.

ZUBEREITUNG: 45 MINUTEN
RUHEZEIT: 4 STUNDEN
BACKEN: 1 STUNDE
ERGIBT 2 LAIBE

Zutaten

1 Stück Ingwer (etwa 50 g)
150 g Kürbiskerne
200 g Roggenvollkornmehl
400 g Weizenvollkornmehl
200 g Roggenschrot
150 g Sauerteig | 10 g frische Hefe
1 EL Salz
2 EL Kürbiskerne zum Bestreuen (nach Belieben)

Den Ingwer schälen und fein reiben. Zwei Drittel der Kürbiskerne mahlen, den Rest ganz lassen.

Die beiden Mehlsorten in eine Rührschüssel geben und den Roggenschrot und die gemahlenen Kürbiskerne untermischen. Den Sauerteig in die Mitte geben und mit der Mehlmischung verrühren. Die Hefe dazubröseln, das Salz und 450 Milliliter lauwarmes Wasser dazugeben und den Teig 3 Minuten mit der Küchenmaschine durchkneten.

Den Ingwer und die ganzen Kürbiskerne dazugeben und den Teig 3 Minuten weiterkneten, bis er sich vom Schüsselrand löst. Den Teig zur Kugel formen, mit Mehl bestauben und zugedeckt 3 Sunden an einem warmen, zugluftfreien Ort gehen lassen.

Den Teig auf die leicht bemehlte Arbeitsfläche geben und teilen. Jedes Stück kurz durchkneten und zu einem Laib – nach Belieben länglich wie hier gezeigt oder rund wie auf Seite 14 – formen. Ein (leicht vorgewärmtes) Backblech mit Backpapier belegen und die beiden Laibe mit etwas Abstand darauflegen. Mit einem Küchentuch abgedeckt an einem warmen, zugluftfreien Ort erneut 1 Stunde gehen lassen.

Den Backofen auf 250 °C vorheizen, auf den Backofenboden eine ofenfeste Schale mit Wasser stellen. Die Brote mehrfach mit einer Rasierklinge (oder einem scharfen Messer) einkerben. Die Oberfläche nach Belieben mit Mehl bestauben oder mit Wasser einpinseln und mit Kürbiskernen bestreuen. Das Blech in den Ofen schieben und die Hitze auf 220 °C reduzieren. Die beiden Brote 15 Minuten backen, dann die Hitze weiter auf 200 °C reduzieren und die Brote weitere 30 Minuten backen. Den Ofen ausschalten, die Brote noch 15 Minuten darin ruhen lassen. Dann herausnehmen und auf einem Kuchengitter vollständig auskühlen lassen.

▮ SCHON GEWUSST? ***Fertigen Sauerteig*** *bekommen Sie im Bioladen und in gut sortierten Supermärkten im Backzutatenregal. Sie können den Natursauerteig aber auch selber ansetzen – das ist nicht schwierig, dauert aber drei Tage: zuerst 100 Gramm Roggenvollkornmehl in einer Schüssel (mit Deckel) mit 100 Millilitern lauwarmem Wasser verrühren, die Schüssel verschließen und die Mischung 24 Stunden an einem warmen Ort stehen lassen. Am zweiten Tag rühren Sie die Mischung um und lassen sie weitere 24 Stunden zugedeckt bei Zimmertemperatur reifen. Am dritten Tag fügen Sie weitere 100 Gramm Roggenvollkornmehl und weitere 100 Milliliter lauwarmes Wasser hinzu (man nennt das »den Säuerling füttern«) und lassen den Teig erneut 24 Stunden zugedeckt bei Raumtemperatur reifen. Dann ist der Sauerteig fertig und Sie können Brot damit backen. Was Sie nicht gleich verbrauchen, lässt sich in einer Dose mit Deckel oder einem Glas mit Schraubverschluss im Kühlschrank aufbewahren.*

Safran-Mandel-Brot

Dieses Brot hat ein spannendes Innenleben und passt ausgezeichnet zu Käse.

ZUBEREITUNG: 45 MINUTEN
RUHEZEIT: 1 STUNDE 45 MINUTEN
BACKEN: 1 STUNDE
ERGIBT 1 BROT (26 CM LÄNGE)

Zutaten

Für den Teig

500 g Weizenmehl Type 550
100 g gemahlene Mandeln
1 Würfel Hefe (42 g) | 1 EL Honig
2 Döschen gemahlener Safran (0,2 g)
3 EL Mandel- oder Rapsöl | 2 TL Salz

Für die Füllung

2 TL neutrales Öl | 200 g Mandelstifte
2 TL Zucker | ½ TL Salz
3 Peperoncini (kleine getrocknete Chilischoten)

Das Mehl mit den gemahlenen Mandeln in einer Rührschüssel mischen und in die Mitte eine Mulde drücken. Die Hefe in 100 Millilitern lauwarmem Wasser auflösen, mit dem Honig verrühren, in die Mulde gießen, mit etwas Mehl bestauben und 15 Minuten an einem warmen, zugluftfreien Ort gehen lassen. Den Safran in 200 Millilitern heißem Wasser auflösen.

Inzwischen für die Füllung das Öl in einer Pfanne erhitzen. Mandelstifte, Zucker und Salz dazugeben, die Peperoncini dazubröseln und die Mandeln bei mittlerer Hitze unter regelmäßigem Rühren goldbraun karamellisieren lassen. Herausnehmen und abkühlen lassen.

Safranwasser, Öl und Salz zum Vorteig und Mehl geben und alles 5–6 Minuten mit den Knethaken des Handrührgeräts bearbeiten, bis sich der Teig vom Schüsselrand löst. Den Teig zur Kugel formen (siehe Seite 16), in die bemehlte Schüssel geben und zugedeckt an einem warmen, zugluftfreien Ort 1 Stunde gehen lassen.

Eine Kastenform von 26 Zentimeter Länge mit Öl ausreiben und mit Mehl bestauben. Den Teig auf der leicht bemehlten Arbeitsfläche zu einem Rechteck von etwa 26 x 40 Zentimetern ausrollen. Den scharfen Mandelkrokant daraufbröseln und den Teig von der Schmalseite her aufrollen. In die Form legen und die Oberfläche kreuzförmig mit einer Rasierklinge (oder einem scharfen Messer) einkerben. Das Brot zugedeckt weitere 30 Minuten gehen lassen.

Den Backofen auf 200 °C vorheizen und eine ofenfeste Schale mit Wasser auf den Backofenboden stellen. Das Brot etwa 1 Stunde backen. Herausnehmen, 10 Minuten in der Form auskühlen lassen, dann auf ein Kuchengitter stürzen und vollständig abkühlen lassen.

Tomaten-Focaccia

Getrocknete Tomaten und Pinienkerne verleihen dem italienischen Fladenbrot eine süßwürzige Note und nussigen Biss – passt besonders gut zu luftgetrocknetem Schinken.

ZUBEREITUNG: 25 MINUTEN
RUHEZEIT: 1 STUNDE 30 MINUTEN
BACKEN: 25 MINUTEN

Zutaten

500 g Weizenmehl Type 550
½ Würfel frische Hefe (21 g) | Meersalz
Zucker | 5 EL Olivenöl
60 g getrocknete Tomaten (in Öl eingelegt)
3 EL Pinienkerne | 2–3 Zweige Rosmarin

Das Mehl in eine Schüssel geben. Die Hefe dazubröckeln, einen Teelöffel Salz, eine Prise Zucker und drei Esslöffel Olivenöl dazugeben. Die Mischung mit den Knethaken des Handrührgeräts oder der Küchenmaschine bearbeiten und dabei nach und nach 300 Milliliter lauwarmes Wasser hinzufügen. Den Teig 5–6 Minuten kneten, bis er sich vom Schüsselrand löst.

Die Tomaten abtropfen lassen und fein würfeln. Den Teig auf die leicht bemehlte Arbeitsfläche geben, mit den Tomaten und Pinienkernen bestreuen und 3–4 Minuten kräftig durchkneten, bis alles eingearbeitet ist.

Den Teig zur Kugel formen (siehe Seite 16), in die bemehlte Schüssel geben und zugedeckt an einem warmen, zugluftfreien Ort 1 Stunde gehen lassen, bis der Focacciateig sein Volumen verdoppelt hat.

Ein Backblech mit einem Esslöffel Olivenöl bestreichen und etwas Meersalz daraufstreuen. Den Teig daraufgeben und so mit den Fingerknöcheln drücken und schieben, bis er das ganze Blech ausfüllt. Den Rosmarin heiß abwaschen, trocken schütteln, die Blätter abzupfen und auf der Focaccia verteilen. Kleine Dellen in den Teig drücken und diesen mit einem Küchentuch abgedeckt weitere 30 Minuten an einem warmen, zugluftfreien Ort gehen lassen.

Den Backofen auf 220 °C vorheizen, auf den Backofenboden eine ofenfeste Schale mit Wasser stellen. Das Blech einschieben und die Ofentemperatur auf 200 °C reduzieren. Die Focaccia etwa 25 Minuten backen, bis sie goldbraun und knusprig ist. Dann herausnehmen und noch heiß mit dem übrigen Olivenöl bestreichen.

▮ VARIANTE: ***Lust auf ein herzhaftes Brot zum Bier?*** *Dann ersetzen Sie Olivenöl und getrocknete Tomaten durch 2 Esslöffel Schweineschmalz und den Rosmarin durch 1 Esslöffel getrockneten Oregano (die Hälfte unter den Teig kneten, den Rest vor dem Backen aufstreuen).*

Olivenbrot mit Chorizo

Maisgrieß verleiht diesem herzhaften mediterranen Hefebrot Charakter. Am besten schmeckt es lauwarm zu einem bunten Salat mit Tomaten, Rucola und Balsamicodressing.

ZUBEREITUNG: 45 MINUTEN
RUHEZEIT: 2 STUNDEN
BACKEN: 30 MINUTEN
ERGIBT 3 LAIBE

Zutaten

100 g schwarze Oliven | 150 g Chorizo
400 g Weizenmehl Type 550
100 g Maisgrieß
1 Päckchen Trockenhefe | 1 TL Salz
Zucker | 1 EL getrockneter Thymian
3 EL Olivenöl

Die Oliven entsteinen und grob hacken. Die Chorizo häuten und klein würfeln.

Mehl und Maisgrieß in einer Schüssel mischen. Die Hefe, das Salz, eine Prise Zucker, den getrockneten Thymian und das Olivenöl dazugeben. Den Teig mit den Knethaken des Handrührgeräts oder der Küchenmaschine bearbeiten und dabei nach und nach 320 Milliliter lauwarmes Wasser hinzufügen. 5–6 Minuten kneten, bis sich der Teig vom Schüsselrand löst.

Den Teig auf die leicht bemehlte Arbeitsfläche geben und Oliven und Chorizo mit den Händen in 3–4 Minuten unterkneten. Den Teig dann zu einer festen Kugel formen (siehe Seite 16) und umgedreht in eine bemehlte Schüssel geben. Mit einem Küchentuch abgedeckt an einem warmen, zugluftfreien Ort etwa 1 Stunde gehen lassen, bis der Teig sein Volumen verdoppelt hat.

Den Teig dritteln. Jedes Teigstück zu einem länglichen Brot formen: Eine Seite zur Mitte hin einschlagen und mit dem Handballen festdrücken. Die andere Seite darüberschlagen und ebenfalls andrücken. Dann die Teigstücke der Länge nach in der Mitte zusammenfalten und die Teigkanten einschlagen, sodass Teigrollen mit abgerundeten Ecken entstehen.

Ein leicht vorgewärmtes Blech mit Mehl bestauben und die Brote mit etwas Abstand zueinander darauflegen. Die Brote mit einer Rasierklinge (oder einem scharfen Messer) mehrfach schräg einkerben. Mit einem Küchentuch abgedeckt 1 Stunde an einem warmen, zugluftfreien Ort gehen lassen.

Den Backofen auf 220 °C vorheizen, auf den Backofenboden eine ofenfeste Schale mit Wasser stellen. Das Blech mit den Broten einschieben und die Ofentemperatur auf 200 °C reduzieren. Die Brote etwa 30 Minuten backen, bis sie goldbraun und knusprig sind.

▮ VARIANTE: *Chorizo ist eine luftgetrocknete spanische Wurst, die kräftig mit Paprika und Knoblauch gewürzt ist. Wer sie nicht mag (oder nicht bekommt), kann sie durch* ***Serranoschinken*** *ersetzen (zwei dicke Scheiben mit Fettrand – etwa 120 Gramm – in Würfel schneiden und mit den Oliven unterkneten). Dazu passt besonders gut die Tomaten-Rucola-Butter von Seite 34!*

Bagels

Die amerikanischen Laugenbrötchen mit dem Loch in der Mitte haben inzwischen auch bei uns viele Fans gefunden – völlig zu Recht, wie ich finde.

ZUBEREITUNG: 30 MINUTEN
RUHEZEIT: 1 STUNDE 15 MINUTEN
BACKEN: 15–18 MINUTEN
ERGIBT 12 STÜCK

Zutaten

500 g Weizenmehl Type 550
350 ml Milch
1 Würfel frische Hefe (42 g) | 3 EL Zucker
1–2 TL Salz | 2 TL Natron
je 2 EL Kürbiskerne, Mohn und Sesam

Das Mehl in eine Schüssel geben und eine Mulde hineindrücken. Die Milch lauwarm erhitzen, die Hefe und einen Esslöffel Zucker darin auflösen und in die Mulde gießen. Die Mischung mit ein wenig Mehl bestreuen und den Vorteig 15 Minuten zugedeckt gehen lassen.

Mehl und Vorteig verrühren und das Salz hinzufügen, dann den Teig auf der Arbeitsfläche 5 Minuten kräftig durchkneten. Den Teig zu einer festen Kugel formen (siehe Seite 16), in die bemehlte Schüssel legen und abgedeckt an einem warmen, zugluftfreien Ort 1 Stunde gehen lassen, bis er sein Volumen verdoppelt hat.

Den Backofen auf 200 °C vorheizen. Zwei Bleche mit Backpapier bedecken. Den Teig in zwölf Teile teilen und diese zu Kugeln formen. Mit einem bemehlten Kochlöffelstiel jeweils ein Loch in die Mitte jeder Kugel bohren und dieses etwa Zwei-Euro-Stück-groß erweitern.

In einem Topf zwei Liter Wasser mit dem übrigen Zucker und dem Natron aufkochen. Die Teigkringel nacheinander jeweils für etwa 15 Sekunden in dem Natronwasser garen, bis sie leicht aufgehen. Mit dem Schaumlöffel herausheben und mit etwas Abstand auf die Bleche setzen.

Je vier Bagels mit Mohn, Sesam und Kürbiskernen bestreuen und die Samen etwas andrücken. Die Kringel im Ofen in 15–18 Minuten goldbraun backen, herausnehmen und zum Abkühlen auf ein Kuchengitter geben.

▮ LÄSST SICH VORBEREITEN: ***Bagels** lassen sich prima vorbereiten und einfrieren: Die Teiglinge im Natron-Zucker-Wasser blanchieren und mit Sesam, Mohn oder Kürbiskernen bestreuen, dann auf ein Brett (das ins Tiefkühlfach passt) geben und abkühlen lassen. 1 Stunde vorgefrieren, dann in Gefrierbeutel füllen. Zum Backen unaufgetaut auf Bleche legen und im vorgeheizten Backofen etwa 20 Minuten backen.*

Kräuterbagels

Bagels mit blumig-herbem Geschmack. Mit Frischkäse bestreichen und reinbeißen!

ZUBEREITUNG: 30 MINUTEN
RUHEZEIT: 1 STUNDE 15 MINUTEN
BACKEN: 15–18 MINUTEN
ERGIBT 12 STÜCK

Zutaten

500 g Weizenmehl Type 550 | 350 ml Milch
1 Würfel frische Hefe (42 g) | 3 EL Zucker
je 1 Bund Petersilie, Thymian und Oregano | 1–2 TL Salz
6–8 Lavendelblüten | 2 TL Natron

Wie auf Seite 29 beschrieben das Mehl in eine Schüssel geben, aus der lauwarmen Milch, Hefe und einem Esslöffel Zucker einen Vorteig bereiten und diesen 15 Minuten zugedeckt gehen lassen.

Inzwischen die Kräuter waschen und trocken schütteln, die Blätter abzupfen und fein hacken. Das Mehl und den Vorteig verrühren, Salz und Kräuter hinzufügen. Den Teig 5 Minuten auf der Arbeitsfläche kräftig durchkneten, dann wie beschrieben zur Kugel formen und in der Schüssel zugedeckt 1 Stunde gehen lassen.

Die Lavendelblüten waschen, trocken tupfen und fein hacken. Den Backofen auf 200 °C vorheizen, zwei Bleche mit Backpapier belegen. Den Teig in zwölf Teile teilen, Bagels formen. Zwei Liter Wasser mit dem Natron und übrigem Zucker aufkochen, die Bagels darin 15 Sekunden blanchieren. Auf die Bleche setzen, mit den Lavendelblüten bestreuen und 15–18 Minuten backen. Auf einem Kuchengitter abkühlen lassen.

VARIANTE: *Das aparte **Lavendelaroma** ist nicht jedermanns Sache. Wenn Sie erst probieren möchten, bestreuen Sie nur zwei oder drei Bagels damit und die Übrigen mit getrocknetem Oregano.*

Apfel-Zimt-Bagels

Die fruchtig-würzigen Bagels werden der Hit beim nächsten Brunch!

ZUBEREITUNG: 40 MINUTEN
RUHEZEIT: 1 STUNDE 15 MINUTEN
BACKEN: 15–18 MINUTEN
ERGIBT 12 STÜCK

Zutaten

150 ml Apfelsaft | 10 getrocknete Apfelringe | 500 g Weizenmehl Type 550
300 ml Milch | 1 Würfel frische Hefe (42 g)
4 EL Zucker | 1 EL gemahlener Zimt
½ TL Salz | 2 TL Natron
50 g gehackte Haselnüsse

Den Apfelsaft erhitzen und die Apfelringe hinzufügen, dann zugedeckt abkühlen lassen.

Inzwischen wie auf Seite 29 beschrieben das Mehl in eine Schüssel geben, aus der lauwarmen Milch, Hefe und zwei Esslöffeln Zucker einen Vorteig bereiten und 15 Minuten zugedeckt gehen lassen.

Die Apfelringe ausdrücken und klein würfeln. Mehl und Vorteig verrühren, Apfelwürfel, Zimt und Salz hinzufügen. Den Teig 5 Minuten auf der Arbeitsfläche durchkneten, zur Kugel formen und in der Schüssel zugedeckt 1 Stunde gehen lassen.

Den Backofen auf 200 °C vorheizen, zwei Bleche mit Backpapier belegen. Aus dem Teig zwölf Bagels formen. Zwei Liter Wasser mit dem Natron und übrigem Zucker aufkochen, die Bagels für 15 Sekunden hineingeben. Auf die Bleche setzen, mit den Nüssen bestreuen und 15–18 Minuten backen. Auf einem Kuchengitter abkühlen lassen.

SCHON GEWUSST? ***Cassia-Zimt** aus China enthält eine bedenklich hohe Konzentration an Cumarin, das Leberschäden verursachen kann. **Mit Zimt aus Ceylon** sind Sie auf der sicheren Seite.*

Pitabrote

Die kleinen runden Fladen sind ganz einfach gemacht und lassen sich prima füllen, womit lesen Sie ab Seite 173.

ZUBEREITUNG: 20 MINUTEN
RUHEZEIT: 1 STUNDE
BACKEN: 12–15 MINUTEN
ERGIBT 8 STÜCK

Zutaten

600 g Weizenmehl Type 405
1 Päckchen Trockenhefe | 1 TL Salz
1 TL Zucker | 2 EL Olivenöl

Das Mehl mit der Hefe, dem Salz und dem Zucker in einer Schüssel mischen. 300 Milliliter lauwarmes Wasser und das Öl dazugeben und alles mit den Knethaken des Handrührgeräts bearbeiten, bis sich der Teig vom Schüsselrand löst.

Den Teig auf die leicht bemehlte Arbeitsfläche geben, zu einer Kugel formen (siehe Seite 16), in die bemehlte Schüssel legen und abgedeckt an einem warmen, zugluftfreien Ort 1 Stunde gehen lassen.

Den Teig in acht gleiche Teile teilen und jedes Teigstück von den Seiten her einschlagen und festdrücken, ein Stückchen drehen, wieder einschlagen und festdrücken, bis feste Kugeln entstehen. Diese umdrehen und mit dem Handballen flach drücken.

Den Backofen samt zwei Backblechen auf 220 °C vorheizen, eine ofenfeste Schale mit Wasser auf den Backofenboden stellen. Die Teigkugeln auf der bemehlten Arbeitsfläche zu flachen Fladen von etwa 15 Zentimetern Durchmesser ausrollen. Je vier auf ein heißes Blech legen und die Pitabrote 12–15 Minuten im Ofen backen. Zum Abkühlen auf ein Kuchengitter legen.

▮ VARIANTE: *Etwas herzhafter werden die kleinen Fladenbrote, wenn Sie die Arbeitsfläche anstatt mit Mehl mit 2 Esslöffeln* ***Weizenschrot****, gemischt mit 2 Teelöffeln Sesam bestreuen und die Teigkugeln darauf ausrollen.*

▮ LÄSST SICH VORBEREITEN: *Die Pitabrote lassen sich gut auf Vorrat zubereiten und dann einfrieren. Lassen Sie sie dazu vollständig abkühlen und wickeln Sie jedes Brot einzeln in Alufolie. Zum Aufbacken legen Sie die Brote unaufgetaut in der Folie auf das Backofengitter und heizen den Backofen auf 120 °C auf. Nach 12–15 Minuten Backzeit sind die Pitabrote wie frisch gebacken und fertig zum Füllen.*

Ingwer-Mandel-Butter

Der kandierte Ingwer verleiht der Würzbutter ein feines süß-scharfes Aroma.

Chili-Orangen-Butter

Fruchtig & scharf ist das Motto bei dieser klassischen Buttermischung.

Bärlauch-Pfeffer-Butter

Nutzen Sie die kurze Bärlauchsaison im Frühling für diese herzhafte Variante!

Tomaten-Rucola-Butter

Hier vereinen sich würzig-süße Tomaten mit aromatisch-bitterem Rucola.

Ingwer-Mandel-Butter

ZUBEREITUNG: 10 MINUTEN
FÜR 4 BRÖTCHEN

Zutaten

2 EL Mandelstifte | 20 g kandierter Ingwer
50 g weiche Butter | ¼ TL gemahlener
Kardamom | Salz | Pfeffer

Die Mandelstifte in einer kleinen Pfanne bei schwacher Hitze goldbraun rösten, abkühlen lassen. Gemeinsam mit dem kandierten Ingwer sehr fein hacken und mit der Butter verrühren. Mit dem Kardamom, Salz und Pfeffer abschmecken. Passt gut zu Sandwiches mit gekochtem Schinken oder geräucherter Truthahnbrust.

VARIANTE: ***Gemahlener Kardamom*** *steuert eine ungewöhnliche orientalische Note bei. Wer keinen zur Hand hat, ersetzt ihn durch Currypulver.*

Chili-Orangen-Butter

ZUBEREITUNG: 10 MINUTEN
FÜR 4 BRÖTCHEN

Zutaten

½ unbehandelte Orange | ½–1 große rote
Chilischote | 50 g weiche Butter | Salz

Die Orange heiß abwaschen und abtrocknen, einen Teelöffel Schale fein abreiben. Die Chilischote längs aufschneiden, von den Samen befreien, waschen und sehr fein würfeln. Beides unter die Butter rühren und diese mit Salz abschmecken. Die Würzbutter verleiht Sandwiches mit rohem Schinken oder mildem Käse (zum Beispiel Gouda) fruchtige Schärfe.

Bärlauch-Pfeffer-Butter

ZUBEREITUNG: 5 MINUTEN
FÜR 4 BRÖTCHEN

Zutaten

2–3 Bärlauchblätter
½ TL grob gemahlener Pfeffer
50 g weiche Butter | Salz

Den Bärlauch waschen und trocken tupfen, die Blätter fein schneiden. Mit dem frisch gemahlenen Pfeffer unter die Butter rühren und diese mit Salz würzen. Das feine Knoblaucharoma des Bärlauchs passt gut zu Käse oder kaltem Schweinebraten.

Tomaten-Rucola-Butter

ZUBEREITUNG: 10 MINUTEN
FÜR 4 BRÖTCHEN

Zutaten

3 getrocknete Tomaten (in Öl eingelegt)
1 kleine Handvoll Rucola
50 g weiche Butter
Salz | getrockneter Thymian

Die Tomaten abtropfen lassen und fein hacken. Den Rucola waschen und trocken schütteln, grobe Stiele entfernen und die Blätter fein schneiden. Beides unter die Butter rühren und mit Salz und einer Prise Thymian abschmecken. Harmoniert wunderbar mit rohem Schinken oder gegrilltem mediterranem Gemüse.

TIPP: ***Zum Aufbewahren*** *im Kühlschrank rollen Sie die Buttermischungen am besten in ein Stück Folie ein (rechtzeitig wieder herausnehmen, damit sie sich gut verstreichen lassen!).*

Lachs-Dill-Butter

ZUBEREITUNG: 10 MINUTEN
FÜR 12 KANAPEES

Zutaten

50 g Räucherlachs | 2 Stängel Dill
50 g weiche Butter
1 TL mittelscharfer Senf | 1 TL Honig

Den Lachs sehr fein hacken. Den Dill waschen und trocken schütteln, die Spitzen fein hacken. Die Butter mit Senf, Honig und Dill verrühren. Den Lachs unterrühren. Schmeckt besonders gut pur auf Vollkornbrot oder Pumpernickel.

Knoblauch-Pilz-Butter

ZUBEREITUNG: 20 MINUTEN
EINWEICHEN: 30 MINUTEN
FÜR 12 KANAPEES

Zutaten

3 g getrocknete Steinpilze | 1 Schalotte
2 Knoblauchzehen | 2 Stängel Petersilie
60 g weiche Butter | Salz | Pfeffer

Die Pilze 30 Minuten in warmem Wasser einweichen, dann ausdrücken und sehr fein hacken. Schalotte und Knoblauch schälen und fein hacken. Die Petersilie waschen, trocken schütteln und die Blätter fein hacken. Einen Teelöffel Butter in einem Pfännchen erhitzen, Schalotte und Knoblauch darin 1 Minute glasig anbraten. Pilze und zwei Esslöffel Einweichwasser dazugeben, einkochen lassen, bis alle Flüssigkeit verdampft ist. Petersilie unterrühren, mit Salz und Pfeffer würzen. Abgekühlt unter die übrige Butter rühren.

Sardellen-Kapern-Butter

ZUBEREITUNG: 10 MINUTEN
FÜR 12 KANAPEES

Zutaten

4 Sardellenfilets (in Öl eingelegt)
2 getrocknete Tomaten (in Öl eingelegt)
1 EL kleine Kapern
3 Zweige Zitronenthymian
60 g weiche Butter | Pfeffer

Die Sardellenfilets und getrockneten Tomaten abtropfen lassen und fein hacken. Die Kapern in einem Sieb kalt abspülen, abtropfen lassen und ebenfalls fein hacken. Den Thymian waschen und trocken schütteln, die Blättchen abstreifen und fein hacken. Alles unter die Butter rühren und mit Pfeffer abschmecken.

Schinken-Oliven-Butter

ZUBEREITUNG: 10 MINUTEN
FÜR 12 KANAPEES

Zutaten

1 TL rosa Pfeffer | 50 g Serranoschinken
(1 dicke Scheibe, ohne Fettrand)
6 grüne Oliven | 1 unbehandelte Zitrone
50 g weiche Butter | Salz

Den rosa Pfeffer im Mörser fein zerstoßen. Den Schinken sehr fein würfeln. Die Oliven entsteinen und in kleine Würfel schneiden. Die Zitrone heiß abwaschen und abtrocknen, von einer Hälfte die Schale mit dem Zestenreißer in feinen Streifen abziehen. Die Butter mit den Zitronenzesten und dem rosa Pfeffer vermischen, Schinken- und Olivenwürfel unterrühren. Mit Salz abschmecken.

Lachs-Dill-Butter

Lachs, Honig, Senf und Dill – in Skandinavien eine klassische Kombination.

Knoblauch-Pilz-Butter

Genießen Sie sie am besten pur auf gerösteten Baguettescheiben.

Sardellen-Kapern-Butter

Passt gut zu kaltem Kalbsbraten oder aufs Brot unter Tomaten und Mozzarella.

Schinken-Oliven-Butter

Rosa Pfeffer verleiht der spanisch inspirierten Butter eine angenehme Schärfe.

BAG

Crostini, Croûtons & Co.

Ob italienisch, französisch oder spanisch – man kennt sie in all unseren Lieblingsurlaubsländern als feine *Appetithäppchen* zum Aperitif als Auftakt eines Menüs. Köstlich belegt und hübsch garniert – damit treffen Sie garantiert auch hierzulande den Geschmack Ihrer Gäste. Am liebsten würden Sie sich an den *kleinen Köstlichkeiten* satt essen? Dann stellen Sie doch für Ihre nächste *Stehparty* eine kleine Auswahl daraus zusammen – sie sind schnell gemacht und immer ein Erfolg!

Knusprige Appetithäppchen

Baguette, Ciabatta und Co. schmecken frisch ganz wunderbar. Sind sie schon einen Tag alt, ist es mit der Knusprigkeit vorbei. Doch dann haben sie als *hinreißende Crostini* ihren zweiten Auftritt.

Ob als Auftakt zu einem großen Menü oder als Teil eines Büfetts – kleine Häppchen mit feinem Belag kommen immer gut an. Das Beste daran: Sie lassen sich auch für viele Gäste schnell und einfach herstellen. Alles Nötige wie Aufstrich, Belag und Garnitur bereiten Sie vor. Wenn die Gäste da sind, schieben Sie die Brotscheiben kurz in den Backofen – knusprig und warm werden sie dann bestrichen und belegt. Ein Glas gut gekühlter Prosecco oder ein anderer Aperitif dazu und das Fest kann beginnen!

Crostini – Resteverwertung all' italiana

In Italien kennt man eine schier grenzenlose Zahl an Rezepten für die kleinen Knusperbrötchen, eine Auswahl meiner »Lieblinge« finden Sie ab Seite 42. Als Unterlage sollte es Weißbrot vom Vortag sein: Ciabatta, toskanisches oder andalusisches Weißbrot, Baguette, alles ist möglich. Gestern ist kein Brot übrig geblieben? Kein Problem, natürlich können Sie auch frische Brotscheiben rösten. Sie lassen sich nur schlechter schneiden.

Crostini müssen frisch belegt und warm sein. Das Brot dazu sollten Sie also immer so spät wie möglich rösten. Legen Sie die Brotscheiben dazu auf ein Blech und rösten Sie sie im vorgeheizten Backofen von jeder Seite 2–4 Minuten, bis sie goldbraun und knusprig sind. Für kleinere Mengen müssen Sie nicht unbedingt den Backofen anheizen, die können Sie auch nacheinander im Toaster rösten.

Sie würden lieber alles vor Ankunft der Gäste vorbereiten? Dann bereiten Sie die Häppchen als Kanapees mit ungerösteten, frischen Baguettescheiben zu und richten Sie sie auf einer Platte an. Mit Klarsichtfolie abgedeckt halten sie so ein paar Stunden durch. Beachten Sie bei der Auswahl der Beläge: Je fetthaltiger der Aufstrich, umso länger bleiben Ihre Häppchen köstlich und ansprechend. Aufstriche auf der Basis von Butter und Mayonnaise wirken wie eine schützende Isolierschicht, leichte Cremes auf Gemüse- oder Frischkäsebasis weichen das Brot wesentlich schneller auf. Und für die Deko gilt: Koriander-, Petersilien- und Rucolablättchen machen bei Wärme schnell schlapp. Lassen Sie sie vorerst weg und garnieren Sie Ihre Kanapees damit erst kurz bevor die Gäste kommen, dann sieht alles frisch und appetitlich aus.

Genießen auf französische Art

Croûtons nennt man die französische Variante der knusprigen Häppchen zum Aperitif. Für diese etwas elegantere Version wird das Brot entrindet.

Wer keine runden Ausstechformen hat, kann das Brot natürlich auch mit einem Messer in eine runde oder eckige Form bringen. Gut geeignet sind dafür etwas dicker geschnittene Scheiben Kastenweißbrot, Ciabatta oder helles Weizenmischbrot, zur Not geht auch altbackenes Toastbrot. Bevor die Croûtons auf dem Blech in den Ofen wandern, bestreichen Sie sie dünn mit weicher Butter, so bekommen sie ein besonders feines, rundes Aroma.
Als Auflage spielt in Frankreich Ziegenkäse die erste Rolle, Sie können die Knusperbrote aber auch einfach mit Schinken oder fertig gekaufter Leberpaté belegen. Es muss im Übrigen nicht immer regionaltypisch zugehen: Ein köstlicher, indisch inspirierter Snack beispielsweise sind die Croûtons mit roter Linsencreme und geräucherter Gänsebrust (siehe Seite 62).

In Spanien aufgespießt

Pincho, oder je nach Region auch *pintxo*, heißt einfach Spieß. Und Pinchos nennt man in Spanien alle Tapas, die auf eine Scheibe Weißbrot gespießt werden. Man kann sie leicht in die Hand nehmen, der Belag hat gleich die passende saugende Unterlage und sättigend ist es auch. Die diversen Köstlichkeiten bereitet man dort allerdings seltener zu Hause zu. Meist genießt man sie zu einer *copa*, einem Gläschen, auf dem Nachhauseweg von der Arbeit oder als Snack zum Aperitif vor dem Restaurantbesuch.
Das Brot wird dazu in Spanien normalerweise nicht geröstet. Ein besonderes Rezept allerdings gibt es, für das das Brot vorher auf die *plancha*, die Grillplatte, die es in jeder spanischen Bar gibt, gelegt wird: Pan con Tomate (siehe Seite 72) ist kräftiges Weißbrot, knusprig gebacken, mit Knoblauch und Tomate eingerieben und mit bestem Olivenöl beträufelt – dafür lässt mancher das raffinierteste Sandwich links liegen. Kommt noch feinster Pata-negra-Schinken oben drauf, wird daraus eine unwiderstehliche Delikatesse, die allerdings ihren Preis hat.

Getränke – das passt dazu

Prosecco ist der perfekte Begleiter zu italienischen Crostini. Ob pur oder mit einem Schuss Aperol, gut gekühlt muss er sein! Ein gerade topaktueller Aperitif ist der Spritz: 1 cl Aperol mit Eiswürfeln in ein großes Weißweinglas geben und je zur Hälfte mit trockenem Weißwein und Prosecco aufgießen. Wer weniger Alkohol bevorzugt, ersetzt den Prosecco durch Mineralwasser.
Zu französischen Croûtons bietet sich Champagner oder Crémant (Sekt) an, gerne mit einem Schuss Cassis (Johannisbeerlikör). Zu spanischen Pinchos schließlich passt ein Gläschen Cava (spanischer Sekt), Fino (trockener Sherry) oder auch ein kühles Bier.
Servieren Sie Prosecco, Champagner und Co. immer eisgekühlt. Dazu sollten Sie die Flaschen mindestens vier Stunden vorher in den Kühlschrank legen. Und denken Sie an die Gäste, die keinen Alkohol mögen oder vertragen: Apfel-, Trauben- oder Johannisbeerschorle passen ebenfalls gut zu allen Knusperhäppchen.

Für französische Croûtons stechen Sie Kreise aus den Weißbrotscheiben aus, buttern diese und rösten sie im Backofen goldbraun und knusprig.

Crostini mit Rucolapesto und Avocado-Tomaten-Salat

Das bitter-würzige Pesto ist allein schon ein feiner Crostini-Aufstrich. Mit Tomate und Avocado kommt sanfte Frische hinzu.

ZUBEREITUNG: 25 MINUTEN
ERGIBT 15 STÜCK

Zutaten

Für den Avocado-Tomaten-Salat

2 Strauchtomaten | 1 kleine reife Avocado
2 EL Zitronensaft | 1/3 TL Fleur de Sel
Zucker | ½ TL Dijonsenf
2 EL Walnuss- oder Mandelöl

Für das Rucolapesto

1 Bund Rucola (etwa 50 g) | 1 kleine Knoblauchzehe | 30 g gehäutete Mandeln
2 EL Walnuss- oder Mandelöl
2 EL frisch geriebener Parmesan
Salz | Pfeffer

Außerdem

15 Scheiben Baguette

Die Tomaten mit kochendem Wasser überbrühen, kalt abschrecken und häuten, dann quer halbieren, die Samen entfernen und die Hälften klein würfeln. Die Avocado halbieren und den Stein entfernen, das Fruchtfleisch mit einem Löffel aus den Hälften lösen und ebenso klein würfeln. Die Avocadowürfel sofort mit einem Teelöffel Zitronensaft mischen.

Den übrigen Zitronensaft mit dem Fleur de Sel, einer Prise Zucker und dem Senf verrühren, bis sich das Salz aufgelöst hat. Dann das Öl mit dem Schneebesen unterschlagen, bis eine cremige Sauce entsteht. Tomaten und Avocado untermischen. Den Avocadostein dazulegen, damit das Avocadofruchtfleisch nicht so leicht braun wird, und den Salat durchziehen lassen.

Für das Pesto den Rucola waschen und trocken schütteln, die groben Stiele entfernen. 15 kleine, hübsche Blättchen für die Dekoration in feuchtes Küchenpapier wickeln und ins Gemüsefach des Kühlschranks legen. Den Knoblauch schälen. Rucola, Knoblauch, Mandeln und Öl im Mixer (oder in einem hohen Aufschlaggefäß mit dem Pürierstab) fein pürieren. Den geriebenen Parmesan unterrühren und das Pesto mit Salz und Pfeffer abschmecken.

Den Backofen auf 200 °C vorheizen. Die Baguettescheiben auf einem Blech verteilen und im Backofen von jeder Seite in 2–3 Minuten goldbraun rösten. Lauwarm abkühlen lassen.

Den Avocado-Tomaten-Salat in ein Sieb abgießen und abtropfen lassen. Die gerösteten Brotscheiben mit Pesto bestreichen und den Salat daraufhäufen. Mit den kleinen Rucolablättchen garnieren.

▮ VARIANTEN: *Die neuen Rucolazüchtungen sind längst nicht mehr so bitter wie einst. Dennoch, wer eine sanftere Ergänzung zum Avocado-Tomaten-Salat bevorzugt, püriert die Blätter von je ½ Bund Petersilie und Zitronenmelisse zusammen mit 2 Esslöffeln Pistazienkernen und 2 Esslöffeln Walnuss- oder Mandelöl. Mit Salz, Pfeffer und 1 Spritzer Zitronensaft abschmecken, den Käse weglassen.*
Ebenfalls lecker: *Ersetzen Sie die Tomaten durch 100 Gramm kleine, ganz frische Champignons (Frische erkennen Sie an den rosafarbenen Lamellen) und schneiden oder hobeln Sie diese in feine Scheiben. Mit den Avocadowürfeln im Zitronendressing marinieren und nach Belieben mit Pfeffer abschmecken.*

Crostini mit Pilz-Walnuss-Creme und Parmesanspänen

Pilze, Walnüsse und Parmesan – eine fabelhafte Kombination! Diese Crostini munden besonders im Herbst und Winter zum Aperitif.

ZUBEREITUNG: 45 MINUTEN
ERGIBT 20 STÜCK

Zutaten

Für die Pilzcreme

5 g getrocknete Steinpilze | 400 g braune Champignons (Egerlinge) | 2 Schalotten 2 Knoblauchzehen | 3 EL Olivenöl | Salz Pfeffer | 1–2 TL Zitronensaft | 3–4 Stängel Estragon | 120 g Walnusskerne

Außerdem

20 Scheiben Baguette
1 Stück Parmesan (40 g)

Die getrockneten Pilze in einem Schälchen mit warmem Wasser bedecken und 30 Minuten einweichen. Inzwischen die Champignons putzen, trocken abreiben (nicht waschen!) und fein hacken. Die Schalotten und den Knoblauch schälen und fein hacken.

Eine große Pfanne erhitzen und das Olivenöl hineingeben. Schalotten, Knoblauch und Champignons darin 5–6 Minuten bei starker Hitze braten, gelegentlich umrühren. Die eingeweichten Pilze ausdrücken, sehr fein hacken und dazugeben. Alles 2–3 Minuten braten, bis die Flüssigkeit verdampft ist. Mit Salz, Pfeffer und Zitronensaft würzen. Lauwarm abkühlen lassen.

Den Backofen auf 200 °C vorheizen. Die Brotscheiben auf einem Backblech verteilen und im Backofen von jeder Seite in 2–3 Minuten goldbraun rösten.

Den Estragon waschen und trocken schütteln, die Blätter abzupfen und fein hacken. 20 schöne Walnusshälften heraussuchen und für die Dekoration beiseitelegen. Die übrigen Walnüsse mit zwei Dritteln der Pilzmischung im Mixer (oder in einem hohen Aufschlaggefäß mit dem Pürierstab) pürieren. Den Estragon und die restlichen Pilze untermischen und die Masse mit Salz und Pfeffer abschmecken.

Die gerösteten Brotscheiben mit der Pilzmasse bestreichen und mit je einer Walnusshälfte garnieren. Mit einem Sparschäler Parmesanspäne daraufhobeln und sofort warm servieren. Köstlich dazu: ein Glas Prosecco.

▮ EDELVARIANTE: *Lassen Sie die Walnüsse und Champignons weg und verwenden Sie neben den getrockneten auch* ***frische Steinpilze*** *(etwa 600 Gramm): aus ein paar kleinen Pilzen 20 dekorative Scheiben schneiden, in Olivenöl goldbraun braten und leicht salzen. Den Rest wie beschrieben zubereiten. Die Crostini mit der Steinpilzcreme bestreichen und mit den Pilzscheiben garnieren. Dazu passt ein Glas Roséchampagner.*

Crostini mit Maronencreme und Wildschweinschinken

Die Vanille verleiht dem Maronenaufstrich eine interessante Note, die fabelhaft mit dem Wildschweinschinken harmoniert.

ZUBEREITUNG: 25 MINUTEN
ABKÜHLEN: 30 MINUTEN
ERGIBT 12 STÜCK

Zutaten

Für die Maronencreme

150 g gegarte Maronen (vakuumverpackt)
150 ml Milch | 1 Vanilleschote | Salz
Pfeffer | Muskatnuss, frisch gerieben

Außerdem

12 Scheiben Ciabatta vom Vortag
2 schöne Rispen Johannisbeeren
24 Scheiben Wildschweinschinken
(etwa 150 g)

Die Maronen mit der Milch in einen Topf geben. Die Vanilleschote längs aufschneiden, das Mark herauskratzen und mit der ausgekratzten Schote dazugeben. Alles aufkochen und zugedeckt 10 Minuten bei schwacher Hitze kochen lassen, gelegentlich umrühren. Vom Herd nehmen und abkühlen lassen.

Die Vanilleschote entfernen und die Maronen mit dem Pürierstab fein pürieren. Mit Salz, Pfeffer und einer Prise Muskatnuss würzig abschmecken.

Den Backofen auf 200 °C vorheizen. Die Ciabattascheiben auf einem Blech verteilen und im Backofen in 5–6 Minuten von beiden Seiten goldbraun rösten. Die Johannisbeeren vorsichtig waschen und auf Küchenpapier abtrocknen lassen.

Die noch warmen Brote mit der Maronencreme bestreichen und auf eine Platte geben. Je zwei Scheiben Schinken darauf anrichten und mit einer Johannisbeerrispe garnieren. Sofort servieren.

DAS PASST DAZU: *Im Herbst gibt es gerade noch Johannisbeeren und schon Maronen und Wildschweinschinken: Dann ist die richtige Zeit für diese extravaganten Häppchen zum Aperitif. Gut dazu passt* **ein Glas Kir** *(trockener Weißwein mit einem Schuss Cassislikör – beide gut gekühlt!) oder auch* **roter Portwein.** *Falls Sie keinen Wildschweinschinken ergattern, schmeckt auch Bresáola (luftgetrocknetes Rindfleisch aus Italien) dazu, die Johannisbeeren können Sie durch frische Feigen ersetzen.*

Crostini mit Entenlebercreme und Enten-Apfel-Spießchen

Zugegeben, diese Crostini machen etwas Mühe. Aber sie schmecken einfach umwerfend – Ihre Gäste werden begeistert sein!

ZUBEREITUNG: 1 STUNDE
ERGIBT 20 STÜCK

Zutaten

Für die Lebercreme

2 Schalotten | 400 g Entenleber
150 g Butter | 4 EL Cognac | Salz | Pfeffer
1 kleines Bund Petersilie

Für die Spießchen

2 Entenbrustfilets (je etwa 300 g)
1 gehäufter TL Fünf-Gewürze-Pulver
2 große säuerliche Äpfel
2 EL Zitronensaft
2–3 EL neutrales Pflanzenöl
20 Holzspieße (12 cm lang)

Außerdem

20 Scheiben Baguette

Die Schalotten schälen und fein hacken. Die Lebern waschen und trocken tupfen, klein schneiden und dabei Häutchen und Sehnen entfernen. Zwei Esslöffel Butter in einer Pfanne zerlassen, die Schalotten darin 1 Minute glasig anbraten. Die Lebern dazugeben und 2–3 Minuten unter Rühren anbraten. Den Cognac dazugeben und die Lebern schmoren lassen, bis alle Flüssigkeit verdunstet ist. Mit Salz und Pfeffer würzen. Vom Herd nehmen und lauwarm abkühlen lassen.

Inzwischen die Holzspieße in kaltes Wasser legen. Die Entenbrustfilets häuten, kalt abwaschen und abtrocknen. Das Fleisch in knapp einen Zentimeter große Würfel schneiden und mit dem Fünf-Gewürze-Pulver würzen. Die Äpfel schälen, vom Kerngehäuse befreien und in ebenso große Würfel schneiden. Mit Zitronensaft beträufeln. Die Holzspieße abtrocknen, das Entenfleisch im Wechsel mit den Apfelwürfeln aufstecken.

Die Petersilie waschen und trocken schütteln, die Blätter fein hacken. Ein Drittel der Leber hacken, den Rest im Mixer (oder in einem hohen Aufschlaggefäß mit dem Pürierstab) fein pürieren. Die übrige Butter unterarbeiten. Die gehackte Leber und die Petersilie unterrühren und mit Salz und Pfeffer abschmecken.

Den Backofen auf 200 °C vorheizen. Die Baguettescheiben auf einem Blech verteilen und im Backofen von jeder Seite in 2–3 Minuten goldbraun rösten.

Gleichzeitig zwei Pfannen erhitzen, jeweils Öl hineingeben und die Entenspieße darin bei mittlerer Hitze rundherum 2–3 Minuten braten. Leicht salzen, herausheben und kurz auf Küchenpapier abtropfen lassen.

Die warmen Baguettescheiben mit der Lebercreme bestreichen, jeweils mit einem Enten-Apfel-Spieß belegen und sofort warm servieren.

▌SCHON GEWUSST? ***Chinesisches Fünf-Gewürze-Pulver*** *(aus dem Asienladen) ist eine Mischung aus Zimt, Koriander, Gewürznelken, Fenchelsamen und weißem oder Szechuanpfeffer. Es bringt das Entenaroma erst so richtig zur Geltung und harmoniert bestens mit der französisch inspirierten Lebercreme.*

Crostini mit Vitello-tonnato-Röllchen

Zartes Kalbfleisch mit würziger Thunfisch-Kapern-Creme – der italienische Vorspeisenklassiker macht sich auch auf geröstetem Brot sehr gut!

ZUBEREITUNG: 45 MINUTEN
GAREN: 45 MINUTEN
KÜHLEN: 2 STUNDEN
ERGIBT 20 STÜCK

Zutaten

Für die Vitello-tonnato-Röllchen

400 g falsches Filet vom Kalb (Schulterfilet) | 375 ml trockener Weißwein
400 ml Gemüsefond (aus dem Glas)
1 TL Pfefferkörner | 1 Lorbeerblatt | Salz
1 Dose Thunfisch in Öl (185 g Abtropfgewicht) | 2 EL Salatmayonnaise
2 EL kleine Kapern | 1 Karotte
1 Stück Spitzkohl (etwa 60 g)

Außerdem

20 Scheiben Baguette | 5–6 Salatblätter
etwa 60 g weiche Butter
20 Partyspießchen

Das Fleisch von Fett und Häutchen befreien. Wein und Gemüsefond mit den Pfefferkörnern, dem Lorbeerblatt und einer kräftigen Prise Salz in einem Topf, der gerade groß genug für das Fleisch ist, aufkochen. Das Fleisch einlegen und bei schwacher Hitze in etwa 45 Minuten gar ziehen lassen. Vom Herd nehmen und im Sud abkühlen lassen. Dann herausnehmen, trocken tupfen, in Alufolie wickeln und kalt stellen.

Den Thunfisch in ein Sieb geben und abtropfen lassen. Mit der Mayonnaise, drei Esslöffeln kaltem Weinsud und der Hälfte der Kapern im Mixer (oder einem hohen Aufschlaggefäß mit dem Pürierstab) fein pürieren. Mit Salz und Pfeffer würzen und die übrigen Kapern dazugeben.

Die Karotte schälen und mit dem Juliennehobel in streichholzdünne Streifen hobeln. Den Kohl putzen, waschen und in ebenso feine Streifen schneiden.

Das Kalbfleisch in 20 dünne Scheiben schneiden (geht am besten mit einer Aufschnittmaschine). Jede Scheibe mit etwas Thunfisch-Kapern-Creme bestreichen und ein wenig von den Karotten- und Kohlstreifen daraufgeben. Zu Röllchen formen und mit Spießchen zusammenstecken.

Den Backofen auf 200 °C vorheizen. Die Baguettescheiben auf einem Blech verteilen und im Backofen von jeder Seite in 2–3 Minuten goldbraun rösten. Den Salat waschen, trocken tupfen und in mundgerechte Stücke zupfen. Die Brotscheiben lauwarm abgekühlt mit Butter bestreichen, mit Salat belegen und jeweils ein Kalbfleischröllchen daraufspießen. Nach Belieben etwas schwarzen Pfeffer darübermahlen.

▌SCHNELLE VARIANTE: *Bestreichen Sie die gerösteten Brotscheiben einfach mit* ***Sardellen-Kapern-Butter*** *(siehe Seite 37) und belegen Sie sie mit Salat und je einer Scheibe fertig gekauftem Kalbsbraten. Zur Dekoration können Sie jeweils einen Kapernapfel daraufspießen und/oder die Häppchen mit Zitronenspalten garnieren.*

▌LÄSST SICH VORBEREITEN: *Das Kalbfleisch können Sie schon ein bis zwei Tage vorher zubereiten und abkühlen lassen. Dann trocken tupfen, fest in Alufolie wickeln und im Kühlschrank aufbewahren.* ***Der Rest des Weinsuds*** *ist eine exzellente Basis für Saucen. Wenn Sie ihn nicht in den nächsten 2–3 Tagen verwenden, am besten einfrieren.*

Kanapees mit Entenbrust und Kumquat

Ente und Orange – eine beliebte und bewährte Kombination, die auch im Miniformat kulinarisch überzeugt!

ZUBEREITUNG: 25 MINUTEN
ABKÜHLEN: 30 MINUTEN
ERGIBT 15 STÜCK

Zutaten

2 Entenbrustfilets (je etwa 300 g)
Cayennepfeffer | Salz
7–8 Kumquats | 60 g weiche Butter
2 EL Orangenlikör | 2 EL Orangenmarmelade | Pfeffer | 4–5 Salatblätter
15 Scheiben Baguette

Den Backofen auf 120 °C vorheizen. Die Entenbrustfilets kalt abwaschen und trocken tupfen, die Haut rautenförmig einschneiden. Rundherum mit Cayennepfeffer und Salz einreiben. Mit der Hautseite in eine kalte Pfanne legen, erhitzen und 7–8 Minuten bei mittlerer Hitze braten. Die Entenbrüste wenden und weitere 2 Minuten braten. Mit der Hautseite nach oben in eine ofenfeste Form geben und im Backofen 12 Minuten nachgaren lassen. Herausnehmen und vollständig abkühlen lassen.

Die Kumquats waschen und in Scheiben schneiden. Zwei Teelöffel Butter in einer Pfanne zerlassen. Die Kumquatscheiben darin 1 Minute anbraten. Mit dem Orangenlikör ablöschen und diesen 1 Minute einkochen lassen. Vom Herd nehmen und abkühlen lassen.

Die übrige Butter mit der Orangenmarmelade verrühren, mit Salz und etwas frisch gemahlenem Pfeffer abschmecken. Die Salatblätter waschen, trocken tupfen und in Stücke zupfen.

Die Baguettescheiben mit der Orangenbutter bestreichen und mit Salat belegen. Die Entenbrust quer in dünne Scheiben schneiden und darauf anrichten. Mit den angebratenen Kumquatscheiben garnieren.

▮ VARIANTE: ***Kumquats*** *sind die kleinsten Zitrusfrüchte. Ihr Aroma ist etwas herber als das von Orangen, die weiche Schale kann mitgegessen werden. Sie können sie auch roh verzehren, besser schmecken sie allerdings, wenn sie wie hier beschrieben, kurz angebraten und mit Orangenlikör parfümiert werden. Wer auf Alkohol verzichten möchte, kann auf* ***Physalis*** *ausweichen: die feinen, papierartigen Hüllen vorsichtig öffnen, die gelben Beeren trocken abreiben und mit Spießchen auf den Enten-Kanapees feststecken. Der Unterschied zwischen Kanapees und Crostini? Bei Crostini werden die Baguettescheiben geröstet.*

Crostini mit Filetmedaillons in der Kürbis-Parmesan-Hülle

Zartes Fleisch in nussig-würziger Panade – hier kommen Schnitzelfreunde voll auf ihre Kosten.

ZUBEREITUNG: 30 MINUTEN
ERGIBT 12 STÜCK

Zutaten

Für die Medaillons

2 EL Kürbiskerne | 2 EL Semmelbrösel
3 EL frisch geriebener Parmesan
2 EL Mehl | 1 Ei | 300 g Schweinefilet
Salz | Pfeffer
neutrales Öl zum Ausbacken

Außerdem

12 Scheiben Baguette
40 g weiche Butter | 2 TL Kürbiskernöl
Pfeffer

Die Kürbiskerne grob hacken und in einer flachen Schale mit den Semmelbröseln und dem Parmesan mischen. Das Mehl auf einen Teller geben. Das Ei in einem tiefen Teller mit einem Teelöffel kaltem Wasser verquirlen.

Das Filet in zwölf Medaillons schneiden und etwas flach drücken. Mit Salz und Pfeffer würzen. Erst im Mehl wenden, überschüssiges Mehl abklopfen. Dann durch das Ei ziehen und abtropfen lassen. Schließlich in der Parmesanmischung wenden und die Panade etwas andrücken.

In einer Pfanne einen Zentimeter hoch Öl erhitzen. Die Filetmedaillons darin von jeder Seite etwa 2 Minuten schwimmend ausbacken, bis sie goldbraun und knusprig sind. Herausnehmen, auf Küchenpapier abtropfen und abkühlen lassen.

Den Backofen auf 200 °C vorheizen. Die Baguettescheiben auf einem Blech verteilen und im Backofen von jeder Seite in 2–3 Minuten goldbraun rösten. Die Butter mit dem Kürbiskernöl verrühren und leicht pfeffern. Die Baguettescheiben mit der Würzbutter bestreichen und jeweils ein Filetmedaillon darauflegen.

VARIANTE: *Das **Kürbiskernöl** verleiht der Butter eine fein-nussige Note, die auch vorzüglich zu Crostini mit gebratenen Pilzen oder Avocado passt.*

SCHON GEWUSST? *Eine Hochburg der Kürbiskernölherstellung ist die **Steiermark**. Ein Verkäufer dort hat mir mal verraten, wie man verhindert, dass das Öl zu schnell ranzig wird: Geben Sie gleich nach dem Öffnen ein Stückchen Zucker hinein. Was soll ich sagen, es funktioniert!*

Crostini mit Korianderpesto und Garnelenspießchen

Das Zitronengras verleiht den Garnelen asiatische Zitrusfrische. Und optisch macht es auch was her!

ZUBEREITUNG: 45 MINUTEN
MARINIEREN: 2 STUNDEN
ERGIBT 8 STÜCK

Zutaten

Für die Garnelenspieße

2 Knoblauchzehen
2–4 kleine grüne Thai-Chilischoten
5 Stängel Zitronengras
¼ TL Kurkuma | ¼ TL Zucker
2 EL Fischsauce
4–5 EL neutrales Pflanzenöl
16 mittelgroße geschälte Riesengarnelen (etwa 250 g)

Für das Pesto

1 Bund Koriandergrün
1–3 kleine grüne Thai-Chilischoten
40 g geröstete Macadamianüsse (ersatzweise gehäutete Mandeln)
1 EL Limettensaft | 2 EL Sonnenblumenöl
¼ TL Zucker | Salz

Außerdem

8 Scheiben Ciabatta vom Vortag

Den Knoblauch schälen und etwas zerkleinern. Die Chilischoten waschen und ohne Stielansätze fein hacken. Einen Zitronengrasstängel von den äußeren harten Blättern befreien und das untere Drittel klein schneiden. Alles mit der Kurkuma und dem Zucker im Mörser fein zerstampfen (oder im Blitzhacker zerkleinern). Die Fischsauce und drei Esslöffel Öl unterrühren.

Die Garnelen am Rücken leicht einschneiden und von dem Darm befreien, dann waschen und abtrocknen. Vom übrigen Zitronengras ein oder zwei äußere Blätter entfernen, die Stängel längs halbieren und auf etwa zwölf Zentimeter kürzen. Jede Riesengarnele mit einem spitzen Messer längs etwa einen Zentimeter tief einschneiden und die Öffnung vorsichtig erweitern, damit man die Zitronengrasstängel durchstecken kann. Jeden Spieß mit zwei Garnelen bestücken. Die Spieße mit der Marinade bestreichen und zugedeckt im Kühlschrank 2 Stunden marinieren.

Das Koriandergrün waschen und trocken schütteln, grobe Stiele entfernen. Die Chilischoten waschen und ohne Stielansätze klein schneiden. Beides mit den Macadamianüssen, dem Limettensaft, dem Öl, dem Zucker und einer kräftigen Prise Salz im Mixer (oder in einem hohen Aufschlaggefäß mit dem Pürierstab) fein pürieren.

Den Backofen auf 200 °C vorheizen. Die Brotscheiben auf einem Blech verteilen und im Ofen von jeder Seite in 2–3 Minuten goldbraun rösten. Eine Grillpfanne erhitzen und die Stege mit Öl einpinseln. Die Garnelenspieße trocken tupfen und darin von jeder Seite etwa 2 Minuten braten.

Die Brote mit Korianderpesto bestreichen und je einen Garnelenspieß darauflegen. Dazu passt ein Cocktail aus mit etwas Limettensaft püriertem Mangofruchtfleisch, das mit eisgekühltem trockenen Sekt aufgegossen wird.

▮ EINKAUFSTIPP: *Die Zutaten für diese asiatisch inspirierten Crostini bekommen Sie im Asienladen. Vorsicht, wer an die Schärfe der* **kleinen thailändischen Chilischoten** *nicht gewöhnt ist, beginnt besser erst einmal mit der kleinsten angegebenen Menge. Keine Fischsauce zur Hand? Dann lassen Sie sie in der Marinade weg und salzen Sie die Garnelen nach dem Braten.*

Fleur de Sel

Bruschetta mit gegrillter Sardine

Resteverwertung all' italiana: Das altbackene Brot wird mit Knoblauch, Öl und Tomaten im Nu zum einfachen Imbiss, mit den fein gefüllten Sardinen sogar zum gästefeinen Aperitifhäppchen.

ZUBEREITUNG: 45 MINUTEN
ERGIBT 12 STÜCK

Zutaten

Für die Bruschetta

4 reife Strauchtomaten (etwa 400 g)
6 Scheiben Ciabatta vom Vortag
3 Knoblauchzehen | 3 EL Olivenöl
Meersalz | Pfeffer

Für die Sardinen

1 getrocknete Tomate (in Öl eingelegt)
1 Knoblauchzehe | 2–3 Stängel Petersilie
1 EL Pinienkerne
12 frische kleine Sardinen (etwa 250 g)
1–2 EL Olivenöl | Meersalz

Die Tomaten kreuzförmig einritzen, mit kochendem Wasser überbrühen, kalt abschrecken und häuten, dann quer halbieren, von den Samen befreien und klein würfeln.

Für die Sardinenfüllung die getrocknete Tomate abtropfen lassen und klein schneiden. Den Knoblauch schälen und fein hacken. Die Petersilie waschen, trocken schütteln und die Blätter abzupfen. Pinienkerne, Tomate, Knoblauch und Petersilie zusammen fein hacken.

Die Sardinen schuppen und ausnehmen; dann gründlich waschen und trocken tupfen. Jeweils etwas von der Tomaten-Pinienkern-Mischung in den Bauch füllen.

Den Backofen auf 200 °C vorheizen. Die Brotscheiben halbieren, auf einem Blech verteilen und im Ofen von jeder Seite 3–4 Minuten rösten, bis sie knusprig und goldbraun sind.

Eine Grillpfanne erhitzen, die Stege einölen und die gefüllten Sardinen darin von jeder Seite etwa 2 Minuten braten. (Die Fischchen in der Pfanne möglichst wenig bewegen und mit einer Zange vorsichtig wenden, damit sich die hübschen Grillstreifen abzeichnen.)

Die Knoblauchzehen schälen und längs halbieren. Die heißen Brote damit einreiben, auf eine vorgewärmte Platte legen und mit dem Olivenöl beträufeln. Die Tomaten daraufhäufen, mit etwas Meersalz und Pfeffer würzen. Die Sardinen mit Meersalz bestreuen und jeweils eine auf jede Bruschetta legen. Sofort heiß servieren.

▮ LÄSST SICH VORBEREITEN: ***Sardinen*** *gibt es selten küchenfertig zu kaufen, da müssen Sie selber Hand anlegen. Falls die Fische auch noch nicht geschuppt sind, müssen Sie sie zuerst schuppen. Das Säubern geht am einfachsten mit einer Küchenschere: von den Sardinen nach Belieben zuerst die Köpfe abschneiden, dann mit einem möglichst kleinen Schnitt (damit später die Füllung an Ort und Stelle bleibt) den Bauch öffnen und mit einem Teelöffelstiel die Eingeweide entfernen. Die Fische innen und außen unter fließendem kaltem Wasser waschen und mit Küchenpapier trocken tupfen.*

Ziegenkäse-Croûtons mit Lavendelhonig

Die blumig-aromatische Honigsüße gibt den entscheidenden Geschmackskick für diese französischen Knusperhäppchen mit Biss.

ZUBEREITUNG: 25 MINUTEN
ERGIBT 12 STÜCK

Zutaten

4–6 Scheiben helles Weizenbrot
3 TL Butter | 50 g Walnusskerne
200 g Ziegenweichkäse (beispielsweise Sainte Maure)
etwa 6 TL Lavendelhonig
Ausstechform (4–5 cm Ø)

Den Backofen auf 200 °C vorheizen, ein Blech mit Backpapier belegen. Aus den Brotscheiben zwölf Kreise von 4–5 Zentimetern Durchmesser ausstechen und dünn mit Butter bestreichen. Auf dem Blech verteilen.

Die Walnüsse grob hacken. Den Ziegenkäse in zwölf gleich dicke Scheiben schneiden und diese mit einer Seite in die gehackten Nüsse drücken. Jeweils einen halben Teelöffel Lavendelhonig darübergeben.

Die Brotkreise im heißen Ofen in etwa 3 Minuten vorbacken, bis sie ein wenig Farbe angenommen haben. Dann herausnehmen und jeweils eine Ziegenkäsescheibe daraufsetzen. Die Croûtons sofort wieder in den Ofen schieben und weitere 4–5 Minuten backen, bis der Honig leicht karamellisiert. Sofort warm servieren. Dazu passt ein Glas eisgekühlter Crémant oder Prosecco.

▮ SCHON GEWUSST? *Reiner **Lavendelhonig** ist selten und kostbar, denn dazu müssen die Honigbienen, die einen Sammelradius von etwa 1500 Metern haben, in Gebieten sammeln, in denen sie ausschließlich Lavendel vorfinden. In Südfrankreich, im Herzen der Provence, ist das der Fall. Der Lohn ist ein außergewöhnlich milder, cremiger, zart duftender Honig von sehr heller, fast weißer Farbe. Wer ihn nicht zur Hand hat, kann das Rezept auch mit **Thymian-** oder dem herb schmeckenden **Kastanienhonig** zubereiten.*

▮ VARIANTE: *Für **Croûtons mit Ziegenkäse im Speckmantel** ½ Bund Thymian waschen und trocken schütteln, die Blättchen abzupfen und fein hacken. Jede Ziegenkäsescheibe mit ¼ Teelöffel Honig beträufeln (am besten Thymianhonig), mit ein wenig gehacktem Thymian bestreuen und so in 2 Scheiben Bacon (Frühstücksspeck) wickeln, dass der Käse völlig umschlossen ist. Die Croûtons im Backofen wie beschrieben vorrösten. Währenddessen den Ziegenkäse im Speckmantel in einer Pfanne von beiden Seiten anbraten. Dann auf die leicht gerösteten Croûtons setzen und im Backofen in weiteren 4–5 Minuten fertig backen.*

Croûtons mit Linsencreme und geräucherter Gänsebrust

Ingwer und Kurkuma verleihen der Linsencreme einen exotischen Touch, der gut mit dem Räucheraroma der Gänsebrust harmoniert – eine gelungene indisch-französische Allianz.

ZUBEREITUNG: 40 MINUTEN
ABKÜHLEN: 30 MINUTEN
ERGIBT 10 STÜCK

Zutaten

Für die Linsencreme

1 walnussgroßes Stück Ingwer
1 Knoblauchzehe | 1 kleine Zwiebel
1 EL Ghee (ersatzweise Butterschmalz)
100 g rote Linsen | ½ TL Kurkuma
200 ml Gemüsebrühe (Instant)
1–2 TL Zitronensaft | Salz | Cayennepfeffer
1 Bund Koriandergrün

Für die Croûtons

3–5 Scheiben helles Weizenbrot
etwa 40 g weiche Butter
10 Scheiben geräucherte Gänsebrust
(etwa 100 g) | Ausstechform (6 cm Ø)

Für die Linsencreme den Ingwer, den Knoblauch und die Zwiebel schälen und fein hacken. Das Ghee in einem Topf erhitzen. Ingwer, Knoblauch und Zwiebel darin bei mittlerer Hitze 2–3 Minuten anbraten. Linsen und Kurkuma dazugeben und 1 Minute unter Rühren mitbraten. Mit einem Drittel der Gemüsebrühe ablöschen, aufkochen und einkochen lassen. Ein weiteres Drittel Gemüsebrühe hinzufügen und – wie bei einem Risotto – unter regelmäßigem Rühren einkochen lassen. Schließlich die übrige Brühe angießen und die Linsen bei schwacher Hitze zugedeckt quellen lassen, bis sie gerade eben noch ein wenig Biss haben (Gesamtgarzeit 12–15 Minuten). Mit Zitronensaft, Salz und Cayennepfeffer abschmecken, vom Herd nehmen und vollständig abkühlen lassen.

Das Koriandergrün waschen und trocken schütteln, einige Stiele für die Deko beiseitelegen. Vom Rest die Blätter abzupfen und grob hacken. Die Linsen mit dem Pürierstab nicht zu fein pürieren und den gehackten Koriander untermischen.

Den Backofen auf 200 °C vorheizen. Aus dem Brot zehn Kreise von sechs Zentimetern Durchmesser ausstechen und dünn mit Butter bestreichen. Auf dem Blech verteilen und im heißen Ofen in 5–6 Minuten knusprig braun backen. Lauwarm abkühlen lassen.

Die Croûtons mit der Linsencreme bestreichen. Jeweils eine Scheibe geräucherte Gänsebrust zu einem Röschen drehen und daraufsetzen. Die Croûtons mit Korianderblättchen garnieren. Dazu schmeckt ein nicht zu trockener Weißwein.

▌VARIANTEN: *Ebenfalls fein zur Linsencreme ist* ***Bündner Fleisch*** *oder – eine jüdische Spezialität –* ***Pastrami*** *(kräftig gewürztes, gepökeltes und geräuchertes Rindfleisch).*

Croûtons mit Ziegenfrischkäse und Zwiebelconfit

Die leichte Süße der Rotweinzwiebeln hebt das herb-würzige Aroma der Ziegenkäsecreme – ein gelungener Auftakt zu einem französischen Menü.

ZUBEREITUNG: 30 MINUTEN
ERGIBT 12 STÜCK

Zutaten

Für das Zwiebelconfit

2 rote Zwiebeln | 2 EL Olivenöl
1 TL Zucker | ¼ TL Salz
4 EL Rotwein (ersatzweise Johannisbeersaft)

Für die Käsecreme

6 schwarze Oliven
2 getrocknete Tomaten (in Öl eingelegt)
3 Zweige Thymian
150 g Ziegenfrischkäse | schwarzer Pfeffer

Außerdem

4–6 Scheiben helles Weizenbrot
3 TL weiche Butter
Ausstechform (4–5 cm Ø)
Thymianzweige zum Garnieren

Die Zwiebeln schälen und in dünne Ringe schneiden. Das Öl in einer Pfanne erhitzen. Die Zwiebeln, Zucker und Salz dazugeben und 5 Minuten bei mittlerer Hitze unter regelmäßigem Rühren braten und karamellisieren lassen. Mit dem Rotwein ablöschen und einkochen lassen, bis alle Flüssigkeit verdampft ist. Vom Herd nehmen und abkühlen lassen.

Für die Käsecreme die Oliven entsteinen und fein hacken. Die Tomaten abtropfen lassen und klein würfeln. Den Thymian waschen und trocken schütteln, die Blättchen von den Zweigen streifen und fein hacken. Den Ziegenfrischkäse mit dem Thymian und reichlich schwarzem Pfeffer aus der Mühle verrühren. Die Oliven- und Tomatenstückchen unterziehen.

Den Backofen auf 200 °C vorheizen, ein Blech mit Backpapier belegen. Aus den Brotscheiben zwölf Kreise von 4–5 Zentimetern Durchmesser ausstechen und dünn mit Butter bestreichen. Im heißen Ofen in 4–5 Minuten knusprig backen. Herausnehmen und lauwarm abkühlen lassen.

Die Croûtons mit der Ziegenkäsecreme bestreichen und mit einem Teelöffel Zwiebelconfit garnieren. Den Thymian für die Garnitur waschen und trocken schütteln, kleine hübsche Stängel abzupfen und die Croûtons damit garnieren.

VARIANTE: *Wer keinen* ***Ziegenfrischkäse*** *mag, kann die Creme auch mit* ***Doppelrahmfrischkäse*** *zubereiten. Dann allerdings noch mit ein wenig Salz abschmecken.*

Pinchos mit gefüllten Piquilloschoten

Die Füllung der Paprikaschoten hat es in sich: Je nach Chilimenge ist sie von sanfter bis feuriger Schärfe!

ZUBEREITUNG: 30 MINUTEN
ERGIBT 12 STÜCK

Zutaten

Für die gefüllten Piquilloschoten

12 Piquillo-Paprikaschoten (gegrillt und in Öl eingelegt; aus dem Glas)
4 getrocknete Tomaten (in Öl eingelegt)
1 EL Pinienkerne | 6 schwarze Oliven
½–1 große rote Chilischote
200 g Doppelrahmfrischkäse
Salz | Pfeffer

Außerdem

10 Scheiben Baguette
10 Spießchen

Die Paprikaschoten in ein Sieb abgießen und abtropfen lassen. Innen und außen vorsichtig mit Küchenpapier trocken tupfen.

Die Tomaten abtropfen lassen und fein hacken. Die Pinienkerne grob hacken. Die Oliven entsteinen und klein schneiden. Die Chilischote längs aufschneiden, von den Samen befreien, kalt abwaschen und fein würfeln.

Den Frischkäse mit etwas Salz und Pfeffer verrühren, Chiliwürfelchen, Pinienkerne, Tomaten und Oliven unterziehen.

Die Creme mit einem Teelöffel in die Schoten füllen und diese zum Servieren auf die Baguettescheiben stecken. Dazu schmeckt ein Glas eisgekühlter Fino (trockener Sherry).

SCHON GEWUSST? ***Pimientos del Piquillo*** *sind kleine würzig-süße rote* ***Spitzpaprikaschoten****, die im Norden Spaniens kultiviert werden. Frisch sind sie bei uns schwer zu bekommen. Falls Sie auf dem Markt welche entdecken, greifen Sie zu, sie schmecken ganz köstlich! Dann die kleinen Schoten waschen und auf einem Blech im Backofen unter dem Grill rösten, bis sie schwarze Blasen bekommen. Anschließend häuten (**siehe Seite 178**), Stiele und Samen entfernen. Die Schoten mit ein wenig Meersalz bestreuen und nativem Olivenöl extra beträufeln und mit knusprigem Weißbrot als Vorspeise genießen. Oder die abgekühlten Schoten wie oben beschrieben füllen und servieren*

Pinchos mit Zucchini-Schafskäse-Röllchen

Diese mediterranen Knusperhäppchen passen ausgezeichnet zu einem Glas Rotwein.

ZUBEREITUNG: 30 MINUTEN
ERGIBT 12 STÜCK

Zutaten

2 große Zucchini | 5 EL Olivenöl
2 Knoblauchzehen
1 TL getrockneter Thymian
Salz | 3–4 Frühlingszwiebeln
200 g Schafskäse (Feta)
12 Scheiben Baguette

Die Zucchini waschen und in je sechs Längsscheiben schneiden (geht am besten mit einer Brotschneidemaschine). Das Öl in ein Schälchen geben. Den Knoblauch schälen und dazupressen.

Eine Grillpfanne erhitzen, die Stege mit etwas Knoblauchöl einpinseln. Die Zucchinischeiben einlegen und 2–3 Minuten anbraten. Dann mit Knoblauchöl einpinseln, mit Thymian bestreuen und wenden. Auf der anderen Seite ebenfalls 2–3 Minuten braten. Leicht salzen, herausnehmen und abkühlen lassen.

Inzwischen das Frühlingszwiebelgrün abschneiden und längs in zwölf Streifen schneiden. Die Streifen kurz in kochendem Wasser blanchieren, herausnehmen, kalt abbrausen und auf Küchenpapier abtropfen lassen.

Den Schafskäse in zwölf gleich große Würfel schneiden. Jeden Würfel in eine Zucchinischeibe rollen und mit einem Frühlingszwiebelstreifen dekorativ zusammenbinden.

Die Zucchini-Schafskäse-Röllchen auf die Brotscheiben spießen und mit einem Glas Rotwein servieren.

■ VARIANTE: *Echte Knoblauchfans bereiten die doppelte Menge* ***Knoblauchöl*** *zu, bestreichen die Baguettescheiben mit dem Rest und backen sie bei 200 °C im Ofen auf dem Blech knusprig und goldbraun. Wer Schafskäse nicht so gerne mag, kann die Zucchiniröllchen auch mit* ***Mozzarella*** *oder geräuchertem* ***Scamorza*** *(einer dem Mozzarella verwandten süditalienischen Käsespezialität) füllen.*

Pinchos mit Manchego und Membrillo

Wenige Zutaten, kein Firlefanz – da kann man sich doch bei der Deko ein wenig Mühe geben …

ZUBEREITUNG: 25 MINUTEN
ERGIBT 12 STÜCK

Zutaten

2 EL Mandelstifte | 2 EL Pistazienkerne
etwa 200 g Membrillo | 250 g Manchego
1 EL weiche Butter
1 TL weiße Mandelpaste
Salz | 12 Scheiben Baguette
12 Partyspießchen

Die Mandelstifte in einer Pfanne ohne Fett goldbraun rösten. Abgekühlt grob hacken. Die Pistazien ebenfalls grob hacken.

Aus dem Membrillo mit einem Kugelausstecher sechs Kugeln ausstechen und diese in den Pistazien wälzen. Aus einem anderen Stück Membrillo sechs etwa einen Zentimeter große Würfel schneiden und diese in den Mandeln wenden.

Den Käse von der Rinde befreien und den Keil quer in zwei bis drei Millimeter dicke Dreiecke schneiden. Zwölf Dreiecke reservieren, aus dem Rest kleine Kreise ausstechen.

Die Butter mit der Mandelpaste und einer kleinen Prise Salz verrühren und die Brote dünn damit bestreichen. Manchego und Membrillokugeln darauf arrangieren und feststecken.

▮ DAS PASST DAZU: *Die trendigen spanischen Häppchen schmecken ausgezeichnet zu einem Gläschen* ***Manzanilla,*** *einem trockenen Sherry aus der Gegend um Sanlúcar. Die Trauben dafür werden in Meernähe kultiviert, der Kenner glaubt, ein feines Salzaroma herauszuschmecken. Eine gute Alternative ist ein Gläschen trockener Rotwein.*

▮ SCHON GEWUSST? *Membrillo ist eine schnittfeste Quittenpaste, die in Spanien gerne zum Käse gereicht wird. Wenn Sie keine spanische Einkaufsquelle in Ihrer Nähe haben, können Sie den Membrillo übers Internet bestellen, beispielsweise bei www.spanien-discount.info.*

▮ VARIANTE: *Auf Seite 13 sehen Sie eine Variante dieser spanischen Pinchos. Dazu 100 Gramm Mandelstifte in einer Pfanne ohne Fett goldbraun rösten, dann herausnehmen und vollständig abkühlen lassen. 60 Gramm weiche Butter mit 1 Prise Salz und 1 Esslöffel weißer Mandelpaste (aus dem Glas, bekommen Sie im Bioladen) verrühren. 250 Gramm Manchego von der Rinde befreien und den Keil quer in 20 etwa 3 Millimeter dicke Dreiecke schneiden. Etwa 150 Gramm Membrillo in etwa 1 Zentimeter große Würfel schneiden. 20 Baguettescheiben mit der Mandelbutter bestreichen und mit der Butterseite in die gerösteten Mandelstifte drücken. Jeweils ein Käsedreieck darauflegen und einen Membrillowürfel mit einem Spießchen daraufstecken. Die Pinchos auf einer Platte anrichten und servieren.*

Pan con Tomate

Feinster Pata-negra-Schinken macht aus dem gerösteten Tomatenbrot, das einst ein spanisches Arme-Leute-Essen war, eine Delikatesse.

ZUBEREITUNG: 10 MINUTEN
ERGIBT 2 BROTE

Zutaten

2 Scheiben toskanisches Weißbrot (je 1 cm dick)
1 Knoblauchzehe | 1 reife Strauchtomate
4 TL natives Olivenöl extra | Meersalz
2–4 Scheiben Pata-negra-Schinken

Den Backofen auf 200 °C vorheizen und die Brotscheiben auf ein Blech legen. Die Brote in 5–6 Minuten von beiden Seiten goldbraun grillen (oder im Toaster rösten).

Die Knoblauchzehe längs halbieren und die gerösteten Brote damit einreiben. Die Tomate waschen, quer halbieren und die Brote mit den Schnittflächen kräftig einreiben, sodass das aromatische Fruchtfleisch gut in das Brot eindringt.

Die Tomatenbrote mit dem Olivenöl beträufeln und mit Meersalz bestreuen. Jeweils eine oder zwei Scheiben Schinken darauflegen und sofort warm servieren.

SCHON GEWUSST? ***Pata negra,*** *luftgetrockneter Schinken aus Jabugo oder Bellota – damit entlocken Sie jedem Kenner ein verzücktes Lächeln. Diese spanische Spezialität stammt von schwarzen Schweinen (*pata negra *bedeutet »schwarze Pfote«), die im Freien in den Kork- und Steineichenwäldern Andalusiens und der Extremadura gehalten werden. Für die beste Qualität bekommen die Schweine wenigstens drei Monate lang ausschließlich Eicheln zu fressen, was dem Fleisch das so sehr geschätzte mild-würzige Aroma verleiht. Die Keulen werden nach der Schlachtung von Hand gesalzen und bis zu 36 Monate in der klaren Bergluft der Sierra nevada und der Sierra morena getrocknet. Das erklärt den stolzen Preis. Wer das Besondere liebt, sollte ihn zumindest einmal probiert haben – mit einem Gläschen Fino (trockenem Sherry) oder Rotwein (Navarra passt gut) ein Hochgenuss! Ach ja, das Ganze wird auf toskanischem Weißbrot angerichtet. Spanisches Brot ist hierzulande kaum zu bekommen, schmeckt aber sehr ähnlich.*

VARIANTEN: *Für ein* ***italienisches Tomatenbrot mit Schinken*** *rösten Sie eine Scheibe altbackenes Ciabattabrot und bestreichen es lauwarm mit Tomaten-Rucola-Butter (Rezept Seite 35). Darauf geben Sie hauchdünn geschnittenen Parma- oder San-Daniele-Schinken – ein Gedicht!*
Ebenfalls lecker: *Stücke der Tomaten-Focaccia von Seite 25 aufschneiden, innen mit wenig aromatischem Olivenöl beträufeln, mit in Scheiben geschnittenen Fleischtomaten, Basilikumblättern und frisch gehobelten Parmesanspänen belegen und mit Salz und Pfeffer würzen.*

Rund ums Toastbrot

Frisch gebrühter Tee, dazu *zart gebräunter Toast* mit Butter und Orangenmarmelade – mit diesem klassisch englischen Frühstück kann der Tag beginnen, doch was ist mit den Snacks zwischendurch? Steht Ihnen der Sinn nach einem Sandwich fürs Picknick oder zum *Mitnehmen ins Büro*? Dann werden Sie auf den nächsten Seiten garantiert fündig. Von englischen Gurken-Sandwiches über italienische *Tramezzini* bis zu doppelstöckigen Club-Sandwiches ist für jeden etwas dabei.

Sandwiches, Tramezzini & Co.

Sie finden *Toastbrot* eher unattraktiv, blass und langweilig? Na, dann lassen Sie sich mal überraschen, was man aus den quadratischen Einheitsscheiben *alles Leckeres zaubern kann!*

Toastbrot für sich genommen schmeckt tatsächlich nicht besonders aufregend. Aber es ist eine wunderbar neutrale Grundlage für Sandwiches, die Sie ganz nach Lust und Laune immer wieder neu und anders füllen können. Auf den nächsten Seiten finden Sie jede Menge Rezepte für Beläge und Füllungen. Für die meisten bleiben die weichen quadratischen Brotscheiben ungetoastet, wie es in Italien für Tramezzini, in Großbritannien für Sandwiches und in Skandinavien für Smørrebrød üblich ist. Aber auch die geröstete Variante kommt nicht zu kurz: Ab Seite 99 folgen Rezepte für Mini-Sandwiches aus dem Sandwichmaker. Und für überbackene heiße Toasts schließlich, wie man sie besonders in Frankreich liebt, ist ein nicht geringer Teil des Kapitels »Warme Brote« (ab Seite 158) reserviert.

Ein Blick zurück

Schon die Römer kannten geröstetes Brot, in Großbritannien ist es seit Jahrhunderten bekannt und beliebt. Natürlich bestand das Brot nicht immer aus feinem Auszugsmehl wie heute die meisten Toast- und Sandwichbrote. Aber geröstete warme Brotscheiben zum Frühstück oder belegte Sandwiches zum klassischen Five o'Clock Tea gehören in England schon seit Ewigkeiten zum Standardrepertoire.

Die Engländer brachten ihre Vorliebe mit nach Amerika. Und dort wiederum entwickelte man zu Anfang des letzten Jahrhunderts die ersten Brotröstgeräte. Das waren zuerst flache Geräte, bei denen die Scheiben gewendet und rechtzeitig herausgenommen werden mussten. Vergaß man den Toast, so stiegen schon mal Rauchschwaden auf. Zeitschaltmechanismus und Pop-up-Funktion revolutionierten Mitte der 1920er-Jahre den Markt. Der Massenproduktion für den Privathaushalt stand nichts mehr im Wege.
Bei uns kamen die Brotröster – so hießen sie anfangs – in den 1950er-Jahren auf den Markt. Und damit einher hielten auch die passenden vorgeschnittenen quadratischen Weißbrotscheiben Einzug. Das inspirierte Clemens Wilmenrod, einen der ersten Fernsehköche, zu einer Erfindung, die Furore machen sollte: den Toast Hawaii. Mit dem überbackenen Toast mit Schinken, Ananas, Käse und Cocktailkirsche traf er den Zeitgeschmack und weckte im Nachkriegsdeutschland Fernweh. Der Retro-Klassiker darf natürlich auch in diesem Buch nicht fehlen, das Rezept finden Sie auf Seite 170.

Auch wenn Ernährungswissenschaftler die Augenbrauen heben: Ab und an schmecken die knusprig gerösteten Scheiben einfach prima. Und wer sich ansonsten vitamin- und ballaststoffreich ernährt, wird keinen Schaden davontragen. Wer auch beim Toastbrot auf seine Gesundheit achten möchte, wählt die Vollkornvariante – schmeckt etwas herzhafter und passt ebenfalls zu allen Belägen.

Italienische Doppeldecker

Das italienische Wort *tramezzino* leitet sich von *tramezzare* ab, was soviel wie »einschieben« oder »dazwischenschieben« bedeutet. So wird für Tramezzini köstlicher Belag zwischen zwei Weißbrotscheiben geschoben, die meist entrindet und diagonal zu Dreiecken geschnitten werden. Auf diese Art kann man sie an einem Ende mit einer Serviette umwickeln und kleckerfrei aus der Hand verzehren. Als Belag dient alles, was die italienische kalte Küche hergibt: kalter Braten, Schinken, Garnelen, Salami, Käse, Tomaten, gegrilltes Gemüse und vieles mehr. Nicht fehlen darf eine ordentliche Portion, meist aromatisierte, Mayonnaise. Das macht die Sandwiches reichhaltig und sättigend, zwei davon ersetzen meist locker eine ganze Mahlzeit. Erfunden worden sein sollen sie im Turiner Café Mulassano, das auch heute noch existiert, und das selbstverständlich eine große Auswahl an Tramezzini zu bieten hat, Ehrensache!

Smørrebrød, Smørrebrød

Auch im hohen Norden weiß man Toastbrot zu schätzen, und auch dort kommt es meist ungeröstet auf den Tisch. Für die berühmten skandinavischen Smørrebrød werden Vollkorntoastscheiben üppig belegt und kunstvoll garniert. Besonders lecker finde ich die mit Lachs.
Haben Sie schon mal selber Lachs gebeizt? Geht ganz einfach, auf Seite 104 finden Sie das Rezept dafür. Sie brauchen nur eine wirklich frische Lachsseite und drei Tage Geduld. Dazu bereiten Sie die typische süß-scharfe Honig-Dill-Sauce vor. Für ein Fest in großer Runde lohnt es sich – die etwa 20 Sandwiches werden reißenden Absatz finden! Und, für den unwahrscheinlichen Fall, dass etwas übrig bleibt: Der Rest schmeckt auch noch in den Tagen darauf.

Aus dem Sandwichmaker

Kommen wir schließlich zur getoasteten Variante der gefüllten Brote: Wo immer eine Steckdose und eine kleine Abstellfläche ist, ist Platz für einen Sandwichmaker. Sie bekommen ihn für wenig Geld in Haushaltswarengeschäften und in Warenhäusern. Damit bereiten Sie im Handumdrehen kleine warme Snacks für Zwischendurch. Die meisten Geräte bieten Platz für zwei gefüllte Doppeltoasts, wobei ein Mittelsteg dafür sorgt, dass diese jeweils gleich in zwei Hälften gepresst werden. Dadurch kann man sie anschließend ganz leicht durchschneiden, ohne dass die Füllung herausläuft. Womit Sie die knusprigen Dreiecke füllen können? Auf den Seiten 99 bis 101 finden Sie meine fünf Lieblingsvarianten. In Wirklichkeit aber ist Ihrer Fantasie keine Grenze gesetzt! Nur Käse sollte möglichst immer mit von der Partie sein, denn, wenn dieser schmilzt, verbindet er die übrigen Komponenten zu einer würzig-cremigen Mischung, die süchtig machen kann!

Fest in Klarsichtfolie gewickelt und in der Brotzeitbox transportiert – so bleiben Tramezzini frisch und saftig.

Garnelen-Ananas-Türmchen

Servieren Sie zu diesen fruchtig-frischen Häppchen am besten ein Glas trockenen Sekt.

ZUBEREITUNG: 20 MINUTEN
ERGIBT 12 STÜCK

Zutaten

Für die Garnelen-Ananas-Creme

100 g Garnelen (in Salzlake)
2 Scheiben Ananas (aus der Dose)
150 g Frischkäse | 1 TL Currypulver
Salz | Pfeffer

Außerdem

9 Scheiben Toastbrot
1 frische Babyananas (nach Belieben)
12 gegarte große Garnelen mit Schwanzflosse (Gambas)
12 Partyspießchen

Für die Creme die Garnelen abtropfen lassen und fein hacken. Die Ananasscheiben trocken tupfen und fein würfeln. Den Frischkäse mit dem Currypulver verrühren. Garnelen und Ananas untermischen und mit Salz und Pfeffer abschmecken.

Die Toastscheiben entrinden und sechs davon mit der Garnelen-Ananas-Creme bestreichen. Je zwei davon aufeinandersetzen und mit einer dritten, unbestrichenen Scheibe abdecken. Die Doppeldecker mit einem scharfen Messer jeweils diagonal vierteln, sodass zwölf dreieckige Türmchen entstehen.

Von der Babyananas, falls verwendet, drei Scheiben abschneiden und diese in Stücke schneiden. Jeweils ein Ananasstück und eine Garnele mit den Spießchen auf die Türmchen stecken.

▮ SCHON GEWUSST? *Frische Ananas enthalten Enzyme, die mit dem Eiweiß der Frischkäsecreme reagieren und dieser nach kurzer Zeit einen bitteren Beigeschmack geben. Aus diesem Grund ist für die Creme* ***Ananas aus der Dose*** *die bessere Wahl.*

▮ VARIANTE: *Es gibt übrigens ganz passable* ***fertige Frischkäsemischungen*** *zu kaufen. Für dieses Rezept können Sie die Geschmacksrichtung »Ananas« verwenden, diese mit Currypulver und nach Belieben etwas abgeriebener unbehandelter Orangenschale abschmecken und die gehackten Garnelen unterrühren.*

Schinken-Feigen-Türmchen

Quitten-Senf-Butter gibt den Häppchen eine fruchtig-aromatische Note.

ZUBEREITUNG: 20 MINUTEN
ERGIBT 12 STÜCK

Zutaten

Für die Quitten-Senf-Butter

60 g weiche Butter
1 EL Quittenkonfitüre oder -gelee
1 TL Dijonsenf | Salz | Pfeffer

Für die Türmchen

2–3 Salatblätter (beispielsweise Eichblattsalat)
5 frische Biofeigen
9 Scheiben Vollkorntoast
24 Scheiben Lachsschinken (etwa 200 g)
12 Partyspießchen

Die Butter mit der Quittenkonfitüre und dem Senf verrühren und mit Salz und Pfeffer abschmecken. Den Salat waschen und trocken tupfen, die Blätter in Stücke zupfen.

Die Feigen waschen, drei davon ungeschält in insgesamt zwölf Scheiben schneiden und diese halbieren. Die übrigen Feigen für die Dekoration ungeschält längs sechsteln.

Die Toastscheiben mit der Quitten-Senf-Butter bestreichen, mit einem scharfen Messer entrinden und jeweils vierteln, sodass 36 kleine Quadrate entstehen. 24 davon mit Salatblättchen belegen, jeweils eine zu einem Röschen gedrehte Lachsschinkenscheibe und eine halbe Feigenscheibe darauflegen. Jeweils zwei belegte Quadrate aufeinandersetzen und mit einem unbelegten dritten (Aufstrich nach unten) abdecken.

Auf jedes Häppchen ein Feigensechstel legen und die Türmchen mit Spießchen zusammenstecken. Auf einer Platte oder, wie hier gezeigt, gleich als Einzelportionen auf kleinen Tellern anrichten und beispielsweise zu einem Glas Sherry medium zum Aperitif reichen.

▌VARIANTEN: *Lachsschinken hat einen* ***zarten Rauchgeschmack****, der gut zu den Feigen passt, und zudem haben die kleinen Scheiben ohne Fettrand das richtige Format für diese Türmchen. Wer kein Schweinefleisch isst (Lachsschinken wird aus der Schweinelende gewonnen), kann auf die Variante von der* ***Pute*** *ausweichen. Köstlich dazu ist auch* ***Parmaschinken*** *(acht Scheiben, etwa 100 Gramm, Scheiben dritteln) oder* ***Roastbeef*** *(zwölf Scheiben, etwa 150 Gramm, Scheiben halbieren). Statt Quittenkonfitüre oder -gelee können Sie auch Feigenkonfitüre verwenden.*

Englische Gurken-Sandwiches

Einfach, preiswert und doch nicht alltäglich – diese Mini-Sandwiches munden nicht nur zum Tee.

ZUBEREITUNG: 25 MINUTEN
RUHEZEIT: 1 STUNDE
ERGIBT 20 STÜCK

Zutaten

1 Salatgurke | Salz | Pfeffer
150 g weiche Butter | 2 TL Dijonsenf
2 TL Zitronensaft | 1 Kästchen Kresse
10 große American-Toast-Scheiben

Die Gurke schälen und in dünne Scheiben hobeln. Mit Salz und Pfeffer würzen und 10 Minuten Wasser ziehen lassen.

Inzwischen die Butter mit dem Senf und dem Zitronensaft verrühren. Mit Salz und Pfeffer abschmecken. Die Kresse vom Beet schneiden und unterrühren.

Die Toastscheiben mit der Butter bestreichen. Die Gurkenscheiben mit Küchenpapier trocken tupfen und fünf Brotscheiben damit belegen. Mit den übrigen Toastscheiben abdecken (bestrichene Seite nach unten). Alle Sandwiches aufeinanderstapeln, fest in Klarsichtfolie wickeln, mit einem Brett und einem Gewicht – beispielsweise einer Dose – beschweren und 1 Stunde ruhen lassen.

Jedes Sandwich mit einem scharfen Messer entrinden und diagonal in vier Dreiecke schneiden. Die Sandwiches auf einer Platte anrichten.

SCHON GEWUSST? ***High Tea*** *nennt man die traditionelle englische Teestunde um 5 Uhr nachmittags. Dazu werden neben Kuchen und Gebäck auch kleine herzhafte Snacks wie diese Gurken-Sandwiches gereicht.*
Für ***englischen Tee*** *schwenken Sie eine Kanne mit heißem Wasser aus, um sie zu erwärmen. Geben Sie dann für etwa 8 Tassen 6–8 Teelöffel Teeblätter (zum Beispiel Orange Pekoe oder Earl Grey) hinein und überbrühen diese mit 1 Liter kochendem Wasser. Den Tee 2–5 Minuten zugedeckt ziehen lassen, dann durch ein Teesieb abgießen und mit Sahne oder Milch und Kandis oder Zucker servieren. Sie haben schon mal gehört, dass kurz gezogener Tee anregend, länger gezogener Tee beruhigend wirkt? Das stimmt nicht ganz: In den ersten 2–3 Minuten löst sich das im Tee enthaltene Koffein und sorgt für die anregende Wirkung. Danach lösen sich auch die im Tee enthaltenen Tannine und neutralisieren sozusagen einen Teil des Koffeins. Länger gezogener Tee ist also nicht wirklich beruhigend, aber doch weniger anregend.*

VARIANTE: *Für* ***Radieschen-Sandwiches*** *die Radieschen von einem großen Bund abschneiden, gründlich waschen und in dünne Scheiben schneiden oder hobeln. Mit Salz bestreuen und 10 Minuten Wasser ziehen lassen. Statt der Kresse 2–3 EL Schnittlauchröllchen unter die Senfbutter rühren und die Sandwiches damit füllen.*

Krabben-Sandwiches

Zum Dahinschmelzen gut – machen Sie lieber gleich ein paar mehr der gefüllten Minis.

Räucherlachs-Sandwiches

Mit Basilikum verfeinerte Eicreme und Lachs – eine tolle Kombi, bei der jeder gerne zugreift.

Salami-Sandwiches

Süßwürziger Balsamico cremoso und grüne Oliven sorgen für den mediterranen Touch.

Schinken-Sandwiches

Farbenfroh und lecker-leicht präsentiert sich der beliebte Klassiker auf neue Art.

Salami-Sandwiches

ZUBEREITUNG: 10 MINUTEN
ERGIBT 12 MINI-SANDWICHES

Zutaten

60 g Butter | 1 EL Balsamico cremoso
Salz | Pfeffer | 20 grüne Oliven
6 American-Toast-Scheiben
100 g Baguette-Salami, fein geschnitten

Die weiche Butter mit der Balsamicocreme verrühren und mit Salz und Pfeffer abschmecken. Die Oliven entsteinen und klein würfeln. Die Toasts mit der Würzbutter bestreichen. Drei Brotscheiben mit der Salami belegen, die Olivenwürfel darüberstreuen und mit den übrigen Scheiben abdecken (gebutterte Seite nach unten). Jedes Sandwich fest zusammendrücken, entrinden und diagonal vierteln.

Schinken-Sandwiches

ZUBEREITUNG: 15 MINUTEN
ERGIBT 12 MINI-SANDWICHES

Zutaten

je ½ rote und gelbe Paprikaschote
1 Frühlingszwiebel | 60 g weiche Butter
1 TL Dijonsenf | 1 TL Honig | Cayennepfeffer | Salz | 6 American-Toast-Scheiben
3 Scheiben gekochter Schinken (60 g)
3 Scheiben Butterkäse (45 g)

Die Paprika und die Frühlingszwiebel putzen, waschen und sehr fein schneiden. Butter, Senf und Honig verrühren. Die Gemüsewürfel unterrühren und mit Cayennepfeffer und Salz würzen. Die Toasts mit der Butter bestreichen. Drei davon mit Schinken und Käse belegen, mit den übrigen Toasts abdecken. Jedes Sandwich zusammendrücken, entrinden und diagonal vierteln.

Krabben-Sandwiches

ZUBEREITUNG: 25 MINUTEN
ERGIBT 16 MINI-SANDWICHES

Zutaten

3 Eier | 1 EL Sesamöl | Salz | Cayennepfeffer | 2 TL Butter | 100 g Nordseekrabben (in Lake) | 1 Tomate | 2 EL Doppelrahmfrischkäse | 8 American-Toast-Scheiben

Die Eier mit dem Öl und je einer Prise Salz und Cayennepfeffer verrühren. Die Butter in einem Pfännchen zerlassen und ein Rührei zubereiten. Die Krabben abtropfen lassen, trocken tupfen und hacken. Die Tomate waschen, quer halbieren, die Samen entfernen und die Hälften klein würfeln. Das abgekühlte Rührei und Frischkäse pürieren, Krabben und Tomate unterziehen. Vier Toasts damit bestreichen, mit den übrigen Scheiben abdecken. Jedes Sandwich zusammendrücken, entrinden und diagonal vierteln.

Räucherlachs-Sandwiches

ZUBEREITUNG: 25 MINUTEN
ERGIBT 16 MINI-SANDWICHES

Zutaten

3 Eier | 1 EL Sesamöl | Salz | Cayennepfeffer | 2 TL Butter | 2 EL Doppelrahmfrischkäse | 2 Stängel Basilikum | 8 American-Toast-Scheiben | 150 g Räucherlachs

Wie bei den Krabben-Sandwiches beschrieben Rührei zubereiten, abgekühlt mit dem Frischkäse pürieren. Die Basilikumblätter fein schneiden und unterziehen. Alle Toasts dünn mit der Creme bestreichen. Vier davon mit Lachs belegen, mit den übrigen Scheiben (bestrichene Seite nach unten) abdecken. Jedes Sandwich zusammendrücken, entrinden und diagonal vierteln.

Tramezzini mit Mangocreme und Hähnchenbrust

Würziges Mangochutney und frische Mango verleihen den Doppeldeckern ein exotisches Aroma und fruchtige Frische.

ZUBEREITUNG: 25 MINUTEN
ERGIBT 6 TRAMEZZINI

Zutaten

1–2 Hähnchenbrustfilets (etwa 300 g)
Salz | Cayennepfeffer
2 EL Öl | 100 g Frischkäse
2 EL Mangochutney
1 kleine reife Mango | 2 Tomaten
6 Salatblätter | 9 Scheiben Toastbrot

Das Hähnchenfleisch kalt abwaschen, abtrocknen und quer in Scheiben schneiden. Mit Salz und Cayennepfeffer würzen. Das Öl in einer Pfanne erhitzen und die Fleischscheiben darin in 4–5 Minuten von beiden Seiten goldbraun braten. Abkühlen lassen.

Den Frischkäse mit dem Mangochutney verrühren und mit Salz abschmecken. Die Mango schälen, das Fruchtfleisch zuerst vom Stein und dann in Spalten schneiden. Die Tomaten waschen, vom Stielansatz befreien, in Scheiben schneiden und auf Küchenpapier abtropfen lassen. Den Salat waschen und gut trocken tupfen und in mundgerechte Stücke zupfen.

Die Toastscheiben im Kontaktgrill knusprig rösten und diagonal teilen. Die Dreiecke lauwarm abgekühlt mit dem Mango-Frischkäse bestreichen. Auf zwölf Dreiecke den Salat, das Hähnchenfleisch, die Mangospalten und die Tomatenscheiben verteilen. Je zwei belegte Toastdreiecke aufeinandersetzen und mit den unbelegten Scheiben (bestrichene Seite nach unten) abdecken. Mit Spießchen zusammenstecken und auf Tellern servieren.

VARIANTEN: *Die Tramezzini schmecken auch mit ungeröstetem Brot ausgesprochen gut und vor allem lassen sie sich dann besser mitnehmen. Dazu die Toastscheiben mit der Mango-Frischkäse-Creme bestreichen, sechs davon belegen und jeweils zwei übereinanderstapeln, mit den übrigen unbelegten Scheiben (bestrichene Seite nach unten) abdecken und die Tramezzini diagonal teilen. Zum Mitnehmen fest in Folie wickeln.*

Der Hähnchenbrust können Sie durch gemahlenen ***Kreuzkümmel*** *orientalisches Aroma verleihen, das ebenfalls gut mit der Mango harmoniert. Oder Sie ersetzen die Mangospalten durch frische Ananas (sorgfältig schälen, vom Strunk befreien und in dünne Scheiben schneiden). Statt der Hähnchenbrust können Sie die Tramezzini auch mit fertig gekaufter geräucherter Putenbrust oder mit kaltem Kalbsbraten belegen.*

Tramezzini mit Tandoori-Creme, Rucola und Putenbrust

Die indische Tandoori-Paste, die üblicherweise zum Marinieren von Fleisch verwendet wird, verleiht der Creme ein ungewöhnliches Aroma.

ZUBEREITUNG: 15 MINUTEN
ERGIBT 4 TRAMEZZINI

Zutaten

Für die Tandoori-Creme

½ unbehandelte Zitrone
100 g Frischkäse
1–2 TL Tandoori-Paste (aus dem Glas)
Salz | Pfeffer | Zucker

Außerdem

1 Handvoll kleine Rucolablätter | 1 Tomate
6 American-Toast-Scheiben
8 Scheiben geräucherte Putenbrust (etwa 160 g)

Die Zitrone heiß abwaschen und abtrocknen, die Schale fein abreiben und einen Esslöffel Saft auspressen. Frischkäse, Tandoori-Paste, Zitronensaft und -schale verrühren und mit Salz, Pfeffer und einer Prise Zucker abschmecken.

Den Rucola waschen und trocken schütteln, die Stiele entfernen. Die Tomate waschen, quer halbieren, die Samen entfernen und die Hälften klein würfeln, den Stielansatz dabei entfernen.

Die Brotscheiben mit der Frischkäsecreme bestreichen. Vier davon mit Rucola, Tomatenwürfelchen und je zwei Scheiben Putenbrust belegen. Jeweils zwei davon aufeinandersetzen und mit einer unbelegten Scheibe (Aufstrich nach unten) abdecken. Die Doppeldecker mit einem scharfen Messer entrinden und diagonal halbieren.

VARIANTE: *Wer auf künstliche Farbstoffe und Geschmacksverstärker, die in Tandoori-Pasten meist enthalten sind, verzichten möchte, bestreicht die Toasts mit einer Creme aus 3 Esslöffeln* ***Mayonnaise****, 1 Teelöffel* ***Dijonsenf*** *und 3 fein gehackten* ***Artischockenherzen*** *(aus dem Glas), die mit etwas Zitronensaft und reichlich Pfeffer aus der Mühle abgeschmeckt ist – schmeckt anders, aber ebenfalls sehr lecker zur Putenbrust!*

SCHON GEWUSST? *Kommen bei Tramezzini oder anderen Sandwiches Tomatenwürfel oder -scheiben zum Einsatz, so sollten Sie diese immer vorher auf Küchenpapier abtropfen lassen. Die Tomaten bleiben trotzdem noch saftig, geben aber nicht mehr so viel Flüssigkeit ab, die das Brot sonst schnell durchweicht.*

Tramezzini mit Avocadocreme und Bündner Fleisch

Hauchdünne Scheiben luftgetrocknetes Rindfleisch verbünden sich mit minzfrischer Avocadocreme – lecker und gesund!

ZUBEREITUNG: 15 MINUTEN
ERGIBT 6 TRAMEZZINI

Zutaten

1 reife Avocado | 1 EL Limettensaft
3 Stängel frische Minze
1 EL Crème fraîche | Salz
Zucker | Cayennepfeffer
1 Stück Salatgurke (etwa 10 cm)
6 American-Toast-Scheiben
100 g Bündner Fleisch

Die Avocado längs halbieren, den Kern herauslösen und beiseitelegen (siehe rechts). Das Fruchtfleisch mit einem Löffel aus der Schale lösen und mit einer Gabel zerdrücken. Sofort den Limettensaft untermischen.

Die Minze waschen und trocken schütteln, die Blätter fein schneiden. Mit der Crème fraîche unter das Avocadomus ziehen und mit Salz, Zucker und Cayennepfeffer abschmecken. Die Gurke nach Belieben waschen oder schälen, längs halbieren und die Kerne mitsamt dem weichen Inneren entfernen. Das Fruchtfleisch fein würfeln.

Die Toasts mit der Avocadocreme bestreichen. Drei Scheiben dicht an dicht mit zu kleinen Rosetten gedrehten Bündner-Fleisch-Scheiben belegen. Die Gurkenwürfelchen darüberstreuen. Mit den übrigen Brotscheiben abdecken (bestrichene Seite nach unten). Jedes Sandwich leicht zusammendrücken, entrinden und diagonal halbieren.

SCHON GEWUSST? *Die Avocadocreme ist nicht so fettreich wie Aufstriche mit Butter oder Doppelrahmfrischkäse. Die Füllung weicht das Brot dadurch recht schnell auf. Am besten füllen Sie die Tramezzini deshalb erst kurz vor dem Verzehr. Wer alle Zutaten dazu vorbereiten will, legt den* ***Avocadokern*** *bis zum Gebrauch zur fertigen Creme und stellt diese zugedeckt in den Kühlschrank. Der Kern verhindert eine Weile, dass die Creme braun wird.*

SO GELINGT'S AUCH: *Ich mag das Avocadomus gerne etwas stückig und zerdrücke das Avocadofleisch deshalb nur mit der Gabel. Wer es lieber ganz cremig mag, kann das Fruchtfleisch auch mit Limettensaft und Crème fraîche* ***im Mixer oder mit dem Pürierstab*** *pürieren. Und wer kein Freund von Minze ist, kann sie durch Koriandergrün oder durch Zitronenmelisse ersetzen.*

Tramezzini mit Thunfisch-Tomaten-Creme

Frisch, saftig und gut – der preiswerte Imbiss lässt sich prima vorbereiten und beispielsweise mit ins Büro nehmen.

ZUBEREITUNG: 15 MINUTEN
ERGIBT 8 TRAMEZZINI

Zutaten

1 Tomate | 2 Frühlingszwiebeln
½ Bund Petersilie
1 Dose Thunfisch in Öl (185 g)
3 EL Salatmayonnaise
Salz | Pfeffer
8 Vollkorntoasts

Die Tomate waschen, quer halbieren, die Samen und den Stielansatz entfernen und die Hälften fein würfeln. Auf Küchenpapier abtropfen lassen. Die Frühlingszwiebeln putzen, waschen und in feine Ringe schneiden. Die Petersilie waschen und trocken schütteln, die Blätter fein hacken.

Den Thunfisch in ein Sieb abgießen, abtropfen lassen und mit einer Gabel zerpflücken. Die Mayonnaise mit Thunfisch, Tomate, Frühlingszwiebeln und Petersilie verrühren und mit Salz und Pfeffer abschmecken.

Vier Toastscheiben mit der Thunfisch-Tomaten-Creme bestreichen, mit den übrigen Scheiben abdecken und diese etwas andrücken. Jedes Sandwich mit einem scharfen Messer entrinden und diagonal halbieren.

▌VARIANTE: *Noch aromatischer schmeckt folgende Füllung: je ½ rote und gelbe Paprikaschote waschen, von den Samen und Scheidewänden befreien und millimeterfein würfeln. 1 Esslöffel Kapern (aus dem Glas) abtropfen lassen und hacken. Je ½ Bund Petersilie und Basilikum waschen und trocken schütteln, die Blätter abzupfen und fein schneiden. 1 große grüne Chilischote längs aufschneiden, die Samen entfernen und die Chilihälften fein schneiden. Alle vorbereiteten Zutaten mit dem Thunfisch unter die Mayonnaise rühren und mit Salz und Pfeffer abschmecken.*

▌TIPP: *Die Thunfisch-Tomaten-Creme schmeckt auch als* ***Crostini-Aufstrich!***

Tramezzini mit Wasabicreme und Räucherforelle

Sushis standen Pate für diese asiatisch inspirierten Tramezzini.

ZUBEREITUNG: 15 MINUTEN
ERGIBT 6 TRAMEZZINI

Zutaten

100 g Frischkäse | 2 TL Wasabi-Paste
1 EL Limettensaft | 1 Nori-Blatt
250 g geräucherte Forellenfilets
3 Scheiben Tramezzini-Brot
100 g Forellenkaviar

Den Frischkäse mit der Wasabi-Paste und dem Limettensaft verrühren. Das Nori-Blatt in sehr feine Streifen schneiden. Zwei Forellenfilets ganz lassen, die Übrigen fein hacken.

Die Tramezzini-Brotscheiben dünn mit der Wasabicreme bestreichen, aber ein Viertel der Creme zurückbehalten. Auf eine Scheibe die Hälfte der Nori-Streifen und die gehackten Forellenfilets verteilen. Mit einer Scheibe abdecken (bestrichene Seite nach unten) und sanft andrücken. Nun auch die Oberseite dieser Tramezzinischeibe mit der restlichen Wasabicreme bestreichen. Die ganzen Forellenfilets schräg auflegen und die Zwischenräume mit dem Forellenkaviar ausfüllen. Mit der übrigen Brotscheibe abdecken (bestrichene Seite nach unten) und leicht andrücken.

Den Doppeldecker mit einem scharfen Messer in drei Stücke schneiden und diese diagonal teilen, sodass sechs Tramezzini entstehen. Mit den übrigen Nori-Streifen garnieren.

▮ SCHON GEWUSST? ***Wasabi** ist eine **dem Meerrettich verwandte scharfe Wurzel**, die in der japanischen Küche eine Rolle spielt. Es gibt Wasabi als Pulver oder als fertig angerührte Paste in der Tube. **Nori** sind getrocknete und gepresste Algen, die ein feines Meeresaroma besitzen. Sie bekommen beides im Asienladen und in gut sortierten Supermärkten.*

▮ EINKAUFSTIPP: *Tramezzini-Brot gibt es fast nur in **italienischen Feinkostläden**. Die rechteckigen Scheiben ohne Rinde sind für diese Tramezzini mit den ganzen Forellenfilets recht praktisch. Wer sie nicht bekommt, greift auf Toastbrot zurück (neun Scheiben) und schneidet die Filets entsprechend zurecht.*

Tramezzini mit Selleriecreme und Räuchermakrele

Die würzige Selleriecreme harmoniert aufs Beste mit dem Räucherfischaroma – eine ungewöhnliche Kombination.

ZUBEREITUNG: 20 MINUTEN
ABKÜHLEN: 30 MINUTEN
ERGIBT 6 TRAMEZZINI

Zutaten

150 g Sellerieknolle
1 kleine Kartoffel (60 g)
1 EL Butter | 125 ml Gemüsebrühe
1 Bund Petersilie | 1 EL Crème fraîche
Salz | Pfeffer | 1 Strauchtomate
2 Räuchermakrelenfilets (etwa 200 g)
6 große Scheiben Vollkorntoast

Den Sellerie und die Kartoffel schälen und klein würfeln. Die Butter in einem kleinen Topf zerlassen. Sellerie und Kartoffel darin 1 Minute unter Rühren anbraten. Mit der Gemüsebrühe ablöschen, aufkochen und 10–12 Minuten zugedeckt bei schwacher Hitze köcheln lassen. Vom Herd nehmen und abkühlen lassen.

Die Petersilie waschen und trocken schütteln, die Blätter fein schneiden. Die Sellerie-Kartoffel-Mischung mit der Crème fraîche fein pürieren. Die Petersilie unterrühren und mit Salz und Pfeffer abschmecken.

Die Tomate waschen, halbieren, von Stielansatz und Samen befreien und würfeln. Dann die Makrelenfilets von der Haut lösen, das Fett an der Unterseite abkratzen und die Filets in Stücke pflücken.

Die Toastscheiben mit der Selleriecreme bestreichen. Drei davon mit Räuchermakrele belegen, mit den Tomatenwürfelchen bestreuen und mit den übrigen Scheiben (bestrichene Seite nach unten) abdecken. Mit einem scharfen Messer entrinden und diagonal teilen, sodass sechs Tramezzini entstehen.

▌VARIANTEN: *Wer Sellerie nicht so gerne mag, kann für die Creme die gleiche Menge* ***Petersilienwurzeln*** *verwenden. Statt der Räuchermakrele schmeckt auch geräucherter* ***Aal*** *oder* ***Räucherforelle*** *zur Sellerie- oder Petersilienwurzelcreme. Für beide Varianten können Sie zur Abwechslung auch mal Vollkornbrot als Unterlage verwenden (quadratische Scheiben, entrinden nicht nötig) – so schmecken die Tramezzini noch etwas herzhafter.*

Mini-Sandwiches mit Pfifferlingen und Speck

Heiß, lauwarm oder kalt – die kleinen Snacks aus dem Sandwichmaker schmecken immer.

ZUBEREITUNG: 15 MINUTEN
ERGIBT 4 MINI-SANDWICHES

Zutaten

100 g kleine Pfifferlinge
2 Stängel Petersilie
1 TL Öl | 4 Scheiben Bacon (Frühstücksspeck)
3 TL weiche Butter
Pfeffer | Salz
4 Scheiben Toastbrot
2 Scheiben Gruyère (etwa 30 g)

Die Pfifferlinge putzen und trocken abreiben. Die Petersilie waschen und trocken schütteln, die Blätter fein schneiden. Eine Pfanne mit dem Öl ausreiben, die Baconscheiben einlegen und erhitzen. Den Speck von beiden Seiten knusprig braten, herausnehmen und auf Küchenpapier abtropfen lassen.

Die Pfifferlinge mit einem Teelöffel Butter in die Pfanne geben und 2–3 Minuten unter Rühren braten. Die Petersilie untermischen. Mit Pfeffer und wenig Salz (der Bacon enthält auch Salz) würzen. Vom Herd nehmen.

Den Sandwichmaker nach Gebrauchsanweisung vorheizen. Die Toastscheiben mit der übrigen Butter bestreichen. Zwei davon mit dem Bacon und den Pfifferlingen belegen und mit dem Käse und den übrigen Toastscheiben (bestrichene Seite nach unten) abdecken. Achten Sie dabei darauf, dass der Belag möglichst nicht über den Rand heraussteht, damit die Füllung beim Toasten nicht herausquillt und verbrennt.

Die gefüllten Toasts in den Sandwichmaker legen, diesen schließen und die Brote 3–4 Minuten toasten. Wenn sie goldbraun sind, herausnehmen, diagonal teilen und warm oder abgekühlt genießen.

SCHON GEWUSST? *Ein* ***Sandwichmaker*** *ist eine Art Kontaktgrill, der exakt auf das Format von zwei Doppeltoasts zugeschnitten ist. Sie bekommen ihn für wenig Geld im Haushaltswarengeschäft oder in Warenhäusern. Die leckeren Minis hier und auf der nächsten Seite sind nur ein kleiner Vorgeschmack auf eine ganze Reihe von Rezepten für überbackene Toasts, die Sie ab Seite 162 erwarten.*

Schinken-Käse-Sandwiches

ZUBEREITUNG: 15 MINUTEN
ERGIBT 4 MINI-SANDWICHES

Zutaten

4 Schalotten | 2 TL Öl | ½ TL Zucker
Salz | 2 EL Sherry medium
4 Scheiben Toastbrot | 2 TL weiche Butter
2 Scheiben gekochter Schinken
2 Scheiben Emmentaler

Die Schalotten schälen und in feine Spalten schneiden. Das Öl in einem Pfännchen erhitzen und die Schalotten darin anbraten, mit Zucker und einer kräftigen Prise Salz würzen und bei mittlerer Hitze weitere 4–5 Minuten unter Rühren braten. Mit dem Sherry ablöschen und einkochen lassen. Wie auf Seite 99 beschrieben die Toastscheiben buttern, mit Schinken, Sherryzwiebeln und Käse belegen und im Sandwichmaker toasten.

Currygarnelen-Sandwiches

ZUBEREITUNG: 10 MINUTEN
ERGIBT 4 MINI-SANDWICHES

Zutaten

1 EL Butter | ¼ TL Currypulver
Salz | etwas abgeriebene
unbehandelte Zitronenschale
4 Scheiben Toastbrot
80 g große Garnelen
2 Scheiben milder Butterkäse

Die Butter mit dem Currypulver, einer kleinen Prise Salz und der Zitronenschale verrühren. Wie auf Seite 99 beschrieben die Toastscheiben mit der Butter bestreichen, mit Garnelen und Käse belegen und im Sandwichmaker toasten.

Bresáola-Feigen-Sandwiches

ZUBEREITUNG: 10 MINUTEN
ERGIBT 4 MINI-SANDWICHES

Zutaten

1 Biofeige | 4 Scheiben Vollkorntoastbrot
2 TL weiche Butter | ½ TL Dijonsenf
4 Scheiben Bresáola | 40 g Camembert

Die Feige waschen und samt Schale in dünne Scheiben schneiden. Wie auf Seite 99 beschrieben die Toastscheiben mit der Butter bestreichen. Zwei Toasts zusätzlich mit Senf bestreichen. Die Bresáola, die Feigenscheiben und den in dünne Scheiben geschnittenen Camembert daraufgeben, mit den übrigen gebutterten Toastscheiben abdecken und im Sandwichmaker toasten.

Paprika-Manchego-Sandwiches

ZUBEREITUNG: 10 MINUTEN
ERGIBT 4 MINI-SANDWICHES

Zutaten

4 Piquillo-Paprika (aus dem Glas,
etwa 70 g) | 1 kleine Knoblauchzehe
2 TL Olivenöl | 1 TL gehackte Petersilie
Salz | 4 Scheiben Toastbrot
40 g junger Manchego

Die Paprikaschoten in einem Sieb abtropfen lassen und in Streifen schneiden. Den Knoblauch schälen, zum Öl pressen. Die Petersilie und eine kleine Prise Salz unterrühren und die Toasts damit bestreichen. Die Toasts wie auf Seite 99 beschrieben mit Paprika und in Scheiben gehobeltem Käse belegen und im Sandwichmaker toasten.

Schinken-Käse-Sandwiches

Sherryzwiebeln verleihen dem Klassiker eine raffinierte Note.

Currygarnelen-Sandwiches

Käse und Meeresfrüchte geht nicht? Geht doch! Milder Butterkäse versteht sich prächtig mit den curryscharfen Garnelen.

Bresáola-Feigen-Sandwiches

Zart schmelzender Camembert verbindet hier die fruchtige mit der würzigen Komponente.

Paprika-Manchego-Sandwiches

Geröstete Piquillo-Paprikaschoten mit würzigem Schafskäse aus der Mancha – Genuss auf spanische Art, der nicht nur Vegetarier beglückt.

Smørrebrød mit Cranberrybutter und Elchschinken

Üppig belegt muss es sein, ein typisches Smørrebrød – ganz nach skandinavischer Tradition.

ZUBEREITUNG: 15 MINUTEN
ABKÜHLEN: 15 MINUTEN
ERGIBT 4 BROTE

Zutaten

Für die Cranberrybutter

40 g getrocknete Cranberrys
6 EL Apfelsaft
40 g weiche Butter | Salz | Pfeffer

Außerdem

4 Salatblätter | 4 Scheiben Vollkorntoast
100 g Elchschinken (ersatzweise Rindersaftschinken) | 2 hart gekochte Eier
2 kleine Tomaten | ½ Kästchen Kresse

Die Cranberrys mit dem Apfelsaft aufkochen, vom Herd nehmen und zugedeckt 10 Minuten ziehen lassen. Abkühlen lassen. Die abgetropften Cranberrys fein hacken, unter die Butter rühren und mit Salz und Pfeffer abschmecken.

Die Salatblätter waschen und trocken tupfen. Die Toastscheiben mit der Cranberrybutter bestreichen und die Salatblätter darauflegen. Den Schinken dekorativ darauf anrichten.

Die Eier pellen und in Scheiben schneiden. Die Tomaten waschen, vom Stielansatz befreien und in Scheiben schneiden. Die Brote mit beidem garnieren. Die Kresse vom Beet schneiden und darüberstreuen.

▮ EINKAUFSTIPP: *Elchschinken ist eine teure Delikatesse, die Sie bei uns nur in ausgesuchten Feinkostläden finden. Wer ihn nicht aus Skandinavien als Souvenir mitbringt, kann ihn beispielsweise bei* ***www.schweden-markt.de*** *übers Internet bestellen. Vom Geschmack her erinnert er an Rindersaftschinken, mit zartem Wildaroma.*

▮ VARIANTEN: *Ich liebe die süß-würzige Cranberrybutter, die auch ausgezeichnet zu luftgetrocknetem* ***italienischem oder spanischem Schinken*** *schmeckt. In Skandinavien verwendet man für Smørrebrød allerdings lieber Mayonnaise als Brotaufstrich. Wer dem Original näher kommen möchte, hackt die Cranberrys klein und mischt sie unter 2–3 Esslöffel Mayonnaise. Salz und Pfeffer sind meist nicht nötig.*

Smørrebrød mit Honig-Dill-Creme und Gravad Lax

Der selbstgebeizte Lachs könnte das Prunkstück auf Ihrem nächsten Partybüfett werden. Die damit belegten Sandwiches schmecken einfach umwerfend!

ZUBEREITUNG: 45 MINUTEN
BEIZEN: 3 TAGE
ERGIBT 20 BROTE

Zutaten

Für den gebeizten Lachs

1 kleine frische Lachsseite mit Haut (1,2–1,5 kg)
2 Bund Dill | 1 EL weiße Pfefferkörner
1 TL Koriandersamen | 1 EL Zucker
2 EL grobes Meersalz

Für die Honig-Dill-Creme

1 kleines Bund Dill | 100 g Frischkäse
3 EL mittelscharfer Senf | 3 EL Meerrettich
3 EL Honig | 2–3 EL Zitronensaft
Salz | Pfeffer

Außerdem

1 Kopf Salat | ½ Salatgurke
2–3 unbehandelte Zitronen
100 g weiche Butter
20 Scheiben Vollkorntoast

Die Lachsseite abwaschen, trocken tupfen und mit der Hautseite nach unten in eine ausreichend große Form legen. Den Dill waschen und trocken schütteln, die Spitzen abzupfen und fein hacken. Weißen Pfeffer, Koriander und Zucker im Mörser zerstoßen. Mit dem Salz und dem Dill mischen und auf dem Lachs verteilen. Mit Klarsichtfolie abdecken, mit einem Brett beschweren und für drei Tage in den Kühlschrank legen.

Für die Honig-Dill-Creme den Dill waschen und trocken schütteln, die Spitzen fein schneiden. Frischkäse, Senf, Meerrettich und Honig verrühren und den Dill untermischen. Mit Zitronensaft, Salz und Pfeffer abschmecken.

Den Salat waschen und abtropfen lassen. Die Gurke waschen, ganz oder streifig schälen und längs halbieren. Die Kerne mitsamt dem weichen Inneren herauskratzen und die Hälften in Halbmonde schneiden. Die Zitronen heiß abwaschen und in Spalten schneiden.

Den Lachs auspacken und die Dillmischung abkratzen. Mit einem Lachsmesser schräg dünne Scheiben von der Lachsseite schneiden. Die Toasts buttern, mit Salat und Lachsscheiben belegen. Mit Gurke und Zitrone garnieren und die Honig-Dill-Creme zum Beträufeln dazu servieren.

SO GELINGT'S AUCH: *Für die kleinere Runde können Sie den Gravad Lax natürlich auch fertig kaufen oder durch* ***Räucherlachs*** *ersetzen.*

Club-Sandwich

Kaltes Hühnchen, Bacon, Tomate und Salat, das Ganze auf Toast mit reichlich Mayonnaise – dieses Sandwich ersetzt locker eine komplette Mahlzeit.

ZUBEREITUNG: 30 MINUTEN
ERGIBT 2 DOPPELTE SANDWICHES

Zutaten

2 kleine Hähnchenbrustfilets (je etwa 150 g)
Salz | Pfeffer | 1 EL Öl
4 Scheiben Bacon (Frühstücksspeck)
2 hart gekochte Eier | 2 Tomaten
einige Blätter Eisbergsalat
3 EL Mayonnaise
Tabascosauce (nach Belieben)
6 American-Toast-Scheiben

Die Hähnchenbrustfilets kalt abwaschen und abtrocknen, mit Salz und Pfeffer würzen. Das Öl in einer Pfanne erhitzen, das Fleisch darin von jeder Seite 3–4 Minuten braten. Herausnehmen und abkühlen lassen. Die Pfanne auswischen, die Baconscheiben einlegen, erhitzen und von beiden Seiten knusprig braten. Herausnehmen und auf Küchenpapier abtropfen lassen.

Die Eier pellen und in Scheiben schneiden. Die Tomaten waschen, vom Stielansatz befreien und in Scheiben schneiden, auf Küchenpapier abtropfen lassen. Den Salat waschen, trocken tupfen und in Stücke zupfen. Die Mayonnaise nach Belieben mit einigen Spritzern Tabasco würzen. Das Hähnchenfleisch in Scheiben schneiden.

Die Toastscheiben nach Belieben toasten. Abgekühlt mit der Mayonnaise bestreichen. Vier Scheiben mit Salat, Hähnchen, Ei, Bacon und Tomate belegen. Je zwei belegte Scheiben aufeinandersetzen und mit einer dritten (bestrichene Seite nach unten) abdecken. Jedes Sandwich fest zusammendrücken und mit einem scharfen Messer diagonal halbieren. Entweder mit Spießchen zusammenstecken oder jeweils eine Ecke mit einer Serviette umwickeln, damit man die Sandwiches aus der Hand essen kann. Je zwei als Mahlzeit servieren.

SCHON GEWUSST? *Erfunden wurde es wohl Anfang des 20. Jahrhunderts. Warum das Club-Sandwich heißt, wie es heißt, ist nicht mehr recht zu klären. Vermutlich deshalb, weil es sich seit jeher* ***in englischen Country Clubs*** *großer Beliebtheit erfreut. So soll es beispielsweise ein Lieblingsgericht von König Edward VIII. und seiner Frau Wallis Simpson gewesen sein.*

Süßes Sandwich mit Früchten

Karamellisierte Mandelblättchen sorgen für den zarten Knuspereffekt bei diesen fruchtig gefüllten Sandwiches.

ZUBEREITUNG: 25 MINUTEN
ERGIBT 8 SANDWICHES

Zutaten

8 Scheiben Toastbrot | 4 TL weiche Butter
2 EL Mandelblättchen | 1 EL Puderzucker
1 unbehandelte Orange | 120 g Ricotta (ersatzweise Frischkäse) | 1 EL Ahornsirup
1 kleine reife Mango | 2–3 Kiwis
100 g Himbeeren

Den Backofen auf 200 °C vorheizen, ein Blech mit Backpapier belegen. Die Toasts buttern und auf das Blech legen. Mit den Mandelblättchen bestreuen und den Puderzucker darübersieben. Im Backofen in 6–7 Minuten knusprig backen. Herausnehmen und abkühlen lassen.

Inzwischen die Orange heiß abwaschen und abtrocknen. Die Schale fein abreiben und mit dem Ricotta und dem Ahornsirup verrühren.

Die Mango schälen, das Fruchtfleisch zuerst vom Stein und dann in Spalten schneiden. Die Kiwis schälen und in dünne Scheiben schneiden. Die Himbeeren verlesen, bei Bedarf vorsichtig waschen und auf Küchenpapier abtropfen lassen.

Auf die Mandelseite von vier der abgekühlten Toasts Ricottacreme streichen, etwa ein Drittel der Creme zurückbehalten. Mit den Früchten belegen. Die übrigen Toasts vorsichtig an der Unterseite mit der übrigen Ricottacreme bestreichen (dabei möglichst nicht umdrehen, damit die Mandelblättchen nicht abfallen!). Die belegten Toasts damit abdecken und mit einem scharfen Messer diagonal teilen. Mit Spießchen fixieren und zum Kaffee servieren.

▌VARIANTE: ***Die Ricottacreme*** *können Sie statt mit Orangenschale auch mit der abgeriebenen Schale von 1* ***unbehandelten Limette*** *würzen. Die Mango können Sie durch* ***Papaya*** *(schälen, die Kerne entfernen und das Fruchtfleisch in Scheiben schneiden), die Himbeeren durch in Scheiben geschnittene* ***Erdbeeren*** *ersetzen.*

Belegte Brote und Brötchen

Ist es nicht eine Freude, hierzulande in eine Bäckerei zu gehen? Der verführerische Duft nach *Frischgebackenem* lockt uns hinein und dort wartet eine unglaubliche Vielfalt an Broten und Brötchen in allen Größen und Formen. Mit mal feinem, mal herzhaftem Belag zaubern Sie daraus im Handumdrehen *unkomplizierte Mahlzeiten* für zu Hause, fürs Büro oder für unterwegs. Und dass Sie mit den belegten Köstlichkeiten auch Gäste glücklich machen können, versteht sich von selbst.

Mal herzhaft, mal fein

Während Tramezzini und Sandwiches im vorhergehenden Kapitel eher Imbiss-Charakter hatten, kommt hier ordentlich was auf *Brot und Brötchen*: Das sind *richtige Mahlzeiten*, von klein, aber fein bis herzhaft und sättigend.

Belegte Brötchen sind die klassische Antwort auf den kleinen Hunger unterwegs. Alle Straßencafés, Bars und Bäckereien mit Stehimbiss bieten welche an. Aber natürlich können die Schinken-, Salami- und Käsebrötchen, die man dort bekommt, nicht mithalten mit Ihren liebevoll selbst zubereiteten. Das Schnitzelbrötchen mit Zitronen-Senf-Butter (siehe Seite 123) beispielsweise ist superlecker. Und Sie müssen es noch nicht einmal unbedingt extra zubereiten. Machen Sie beim nächsten Schnitzelessen mit der Familie einfach ein paar mehr – und genießen Sie die übrigen am nächsten Tag auf frischen, knusprigen Brötchen. Das gleiche gilt für die köstlichen Saltimbocca (siehe Seite 150). Die schmecken nämlich auch kalt ganz vorzüglich. Da bekommt Resteessen doch gleich eine ganz neue Qualität!

Haben Sie schon mal Bagels gebacken? Sie wissen schon, die amerikanischen Brötchen mit dem Loch in der Mitte. Auf Seite 29–31 finden Sie Rezepte, wie Sie sie selber backen können. Denn, auch wenn sie hierzulande zusehends beliebter werden, kaufen kann man sie noch nicht in allen Bäckereien. In diesem Kapitel nun werden sie lecker belegt: Mit Rührei schmecken sie beim Frühstück oder Brunch, mit Lachs oder Käse belegt sind sie auch gute Wegbegleiter in die Schule, an die Uni oder zum Arbeitsplatz.

Wer eher eine Vorliebe für kräftiges Bauernbrot hegt, den werden die Rezepte ab Seite 131 interessieren. Wann haben Sie beispielsweise zuletzt Ölsardinen gegessen? Richtig, die aus der Dose, gehaltvoll und sehr aromatisch. Drücken Sie sie einfach auf gutes, herzhaftes Brot, ein wenig Zitronensaft und Pfeffer darüber, fabelhaft!
Über all den raffinierten und exotischen Gaumenkitzlern vergisst man manchmal, wie gut Einfaches schmecken kann.

Aber klar, Raffinesse kommt in diesem Kapitel auch nicht zu kurz: Das Sherry-Honig-Hähnchen (siehe Seite 145) etwa verbündet sich mit Erdnussbutter auf knusprigem Baguette. Mit Kardamom und kandiertem Ingwer verfeinerte Dattelcreme (siehe Seite 146) holt das Beste aus gekochtem Schinken heraus, und Roastbeef bekommt mit scharfem Gurkenrelish eine Extraportion Geschmack verpasst (siehe Seite 148). Freunde der mediterranen und orientalischen Küche werden sich über den Kichererbsen-Tomaten-Salat freuen, der mit Rucola und getrockneten Tomaten aufs geröstete Brot kommt (siehe Seite 142). Das Rezept dafür habe ich zugegebenermaßen nicht selber erfunden, sondern ein Brot, das ich so ähnlich in einer Münchener Kneipe gegessen habe, hat mich dazu inspiriert – einfach viel zu lecker, um es für mich zu behalten!

Brote und Brötchen einfrieren

Inzwischen gibt es fast überall Sonntagsbäcker, aber nicht jeder hat einen gleich um die Ecke. Wer sich deshalb gelegentlich mit Brot bevorraten möchte, kann dieses natürlich einfrieren. Dabei gilt: Je frischer Sie es einfrieren, umso besser schmeckt es nach dem Kälteschlaf. Wickeln Sie Bauernbrot und Vollkornbrot (je nach Ihrer Haushaltsgröße halbiert oder geviertelt) fest in Alufolie. Das Gleiche gilt für Baguette, das Sie eventuell gleich in sandwichgerechte Drittel schneiden. Sie besitzen ein Vakuumiergerät? Umso besser, dann verpacken Sie es damit. Wenn das Gefriergut luftdicht eingepackt ist, hat Gefrierbrand keine Chance. Brötchen und Co. stecken Sie zum Einfrieren in Gefrierbeutel.

Zum Auftauen nehmen Sie Vollkorn- und Bauernbrot am Vorabend aus dem Tiefkühlfach und lassen es bei Zimmertemperatur in der Alufolie auftauen. Vakuumiertes Brot nehmen Sie aus der Verpackung, schlagen es locker in ein Küchentuch ein und lassen es so auftauen. Sie benötigen das Brot sofort, das Auftauen soll schneller vonstattengehen? Im Backofen bei 100 °C ist ein Brotviertel in etwa 30 Minuten aufgetaut. Allerdings müssen Sie dabei in Kauf nehmen, dass die Schnittflächen austrocknen. Für Baguettestücke und Brötchen ist Auftauen im Backofen die beste Methode: Baguettestücke in den ersten 5 Minuten in der Alufolie lassen (Vakuumiertes bitte herausnehmen) und in weiteren 5–6 Minuten knusprig backen. Brötchen legen Sie offen aufs Blech oder Backofengitter und backen sie in 10–12 Minuten auf. Waren diese beim Einfrieren nicht ganz frisch, können Sie sie vor dem Aufbacken mit ein wenig Wasser besprenkeln, das macht die Kruste knuspriger.

Frischkäse, pikant oder süß

Neben Butter eignet sich Frischkäse ausgezeichnet als Brotaufstrich. Er ist etwas wasserhaltiger, weicht also die Unterlage tendenziell früher auf als Butter. Aber Brötchen, längs durchgeschnittenes Baguette, Vollkorn- und Bauernbrot sind auch robuster als Toastbrot und Baguettescheiben.

Neben pikanten Varianten (siehe Seite 121) habe ich auch die Rezepte für vier süße Brotaufstriche beigefügt (siehe Seite 155). Besonders die Schokocreme mit Cranberrystückchen und zarter Chilischärfe könnte der Hit bei Ihrem nächsten Brunch werden! Sie schmeckt zum Beispiel auf Milchbrötchen (siehe Seite 156). Die Schokokussbrötchen dort, nun ja, sind natürlich nicht als ernsthafte Rezeptempfehlung gedacht. Aber bei vielen wecken sie Kindheitserinnerungen. Vor noch nicht allzu langer Zeit waren die kleinen Zuckerbomben ein Kinderliebling.
Die Mengen der Frischkäsemischungen sind klein, sodass Sie sie vermutlich nicht lange werden aufbewahren müssen. In einer dicht schließenden Kunststoffdose oder in einem sauberen Schraubglas halten aber alle im Kühlschrank eine gute Woche.

Herzhaft-safiger Nizzasalat im Brot – so stillt man in Südfrankreich den etwas größeren Appetit.

Sesambagels mit Lachs

Räucherlachs schmeckt immer, da dürfen Sie für den Brunch mit der Familie und mit Freunden gerne ein paar Bagels mehr vorbereiten.

ZUBEREITUNG: 25 MINUTEN
ERGIBT 4 BAGELS

Zutaten

1 Handvoll Feldsalat
1 hart gekochtes Ei
½ Bund Schnittlauch
40 g weiche Butter
Salz | Pfeffer
4 Sesambagels (siehe Seite 29)
120 g Räucherlachs

Den Feldsalat putzen, gründlich waschen und auf Küchenpapier abtropfen lassen.

Das Ei pellen und fein hacken. Den Schnittlauch waschen, trocken schütteln und in feine Röllchen schneiden. Beides mit der Butter verrühren und mit Salz und Pfeffer abschmecken.

Die Bagels aufschneiden und alle Hälften mit der Würzbutter bestreichen. Die unteren Hälften mit Feldsalat und Räucherlachs belegen und mit den oberen Hälften abdecken.

▌DEKOTIPP: *Sie können die Bagels wie auf dem Foto gezeigt belegen, aufeinanderstapeln und mit* ***asiatischen Stäbchen*** *fixieren – macht richtig was her auf dem Büfett! Achten Sie nur beim Belegen mit Salat und Lachs darauf, dass das Loch in der Mitte frei bleibt, dann gelingt es bestimmt.*

▌VARIANTE: *Die Sesambagels schmecken auch mit* ***Garnelen*** *ganz vorzüglich. Bereiten Sie dazu die Krabbencreme von Seite 85 zu. Die Bagels damit bestreichen und mit gewaschenen Salatblättchen (beispielsweise Novita oder Lollo bianco) und insgesamt etwa 150 g gegarten großen Garnelen (aus der Kühltheke) belegen.*

Mohnbagels mit Kresserührei

Schwache Hitze ist das ganze Geheimnis des goldgelb glänzenden, saftigen Rühreis.

ZUBEREITUNG: 15 MINUTEN
ERGIBT 4 BAGELS

Zutaten

4 Eier
1 EL Sesamöl aus gerösteten Samen
Salz | Cayennepfeffer | 50 g Butter
4 Mohnbagels (siehe Seite 29)
4 Salatblätter (nach Belieben)
1 Kästchen Kresse

Die Eier in einer Schüssel mit dem Sesamöl und je einer kräftigen Prise Salz und Cayennepfeffer verrühren, aber nicht schaumig schlagen.

In einer Pfanne einen Esslöffel Butter zerlassen, die Eier hineingeben und bei schwacher Hitze stocken lassen. Die Masse dabei regelmäßig mit einem Holz- oder Silikonlöffel zusammenschieben. Sobald das Rührei gestockt, aber noch feucht glänzend ist, vom Herd nehmen.

Die Bagels aufschneiden und alle Hälften mit der übrigen Butter bestreichen. Den Salat, falls verwendet, waschen und trocken tupfen, die unteren Bagelhälften damit belegen. Das nunmehr lauwarme Rührei darauf verteilen. Die Kresse mit einer Küchenschere vom Beet schneiden und darüberstreuen. Mit den oberen Bagelhälften abdecken.

▌SO GELINGT'S AUCH: *Keine Bagels zur Hand? Kein Problem, natürlich schmeckt das Kresserührei auf* **Mohn- oder Sesambrötchen** *ebenso lecker.*

▌SCHON GEWUSST? *Es gibt zwei Sorten Sesamöl: Eines wird aus den rohen Sesamsamen gepresst, schmeckt neutral und eignet sich gut zum Braten. Das andere wird aus gerösteten Samen hergestellt. Bereits eine kleine Menge davon genügt, um Fleisch, Tofu und Gemüse ein wunderbar fein-nussiges Aroma zu verleihen. Es gibt auch dem Rührei hier ein besonders rundes, würziges Aroma. Sie finden es im Bio- oder Asienladen oder im Asienregal vieler Supermärkte.*

Kürbiskernbagels mit Brie und Apfelsenf

Fruchtige Schärfe bekommt dem sahnig-milden Käse ausgezeichnet – eine feine Kombination!

ZUBEREITUNG: 20 MINUTEN
ABKÜHLEN: 30 MINUTEN
ERGIBT 4 BAGELS

Zutaten

Für den Apfelsenf

1 säuerlicher Apfel
(beispielsweise Boskop)
1 TL Öl | 1 TL Senfkörner
1 EL Zitronensaft
½ TL Zucker | 2 Gewürznelken
1 EL Dijonsenf | Salz | Pfeffer

Außerdem

4 Salatblätter | 120 g reifer Brie
4 Kürbiskernbagels (siehe Seite 29)
2 TL weiche Butter

Den Apfel schälen und klein würfeln. Das Öl in einem kleinen Topf erhitzen, die Senfkörner darin anbraten, bis sie anfangen zu springen. Die Apfelstückchen, den Zitronensaft, den Zucker, vier Esslöffel Wasser und die Gewürznelken hinzufügen. Zugedeckt bei schwacher Hitze garen, bis die Apfelstückchen weich sind, gelegentlich umrühren. Vom Herd nehmen und abkühlen lassen.

Die Gewürznelken entfernen. Die Masse zu feinem Mus verarbeiten, mit dem Senf mischen und mit Salz und Pfeffer würzig abschmecken.

Die Salatblätter waschen und trocken tupfen. Den Käse in Scheiben schneiden. Die Bagels aufschneiden und die unteren Hälften dünn mit Butter bestreichen und dann mit Salat und Käse belegen. Jeweils einen knappen Esslöffel Apfelsenf daraufgeben und die oberen Bagelhälften aufsetzen.

▌SO GELINGT'S AUCH: *Sie können auch* ***fertiges Apfelgelee*** *mit etwas Zitronensaft und Senf mischen und mit Salz und Pfeffer abschmecken. Als Alternative schmeckt* ***Quittensenf oder Feigensenf*** *aus dem Glas. Statt Brie passt auch Camembert, Butterkäse oder junger Gouda zum Apfelsenf.*

Ziegenkäse mit Knoblauch

ZUBEREITUNG: 25 MINUTEN
FÜR 8–10 BRÖTCHEN

Zutaten

6 Knoblauchzehen | 100 ml Olivenöl
2 Zweige Rosmarin | 300 g Ziegenfrischkäse | Salz | Pfeffer

Die ungeschälten Knoblauchzehen in dem Olivenöl in einem kleinen Topf erhitzen und bei niedrigster Temperatur 10 Minuten zugedeckt garen. Den Rosmarin waschen und trocken schütteln, die Blätter fein hacken und in der letzten Minute dazugeben. Vom Herd nehmen, abkühlen lassen.

Den weichen Knoblauch aus den Schalen drücken und fein hacken. Mit dem Rosmarinöl unter den Ziegenfrischkäse rühren und mit Salz und Pfeffer abschmecken.

Forellencreme mit Limette

ZUBEREITUNG: 10 MINUTEN
FÜR 8–10 BRÖTCHEN

Zutaten

2 unbehandelte Limetten | 250 g geräucherte Forellenfilets | 1 Bund Dill
120 g Frischkäse | Pfeffer | Salz

Die Limetten heiß abwaschen und abtrocknen. Die Schale mit dem Zestenreißer abziehen, den Saft auspressen. Die Forellenfilets fein zerzupfen, mit Limettensaft und -schale mischen.

Den Dill waschen und trocken schütteln, die Spitzen abzupfen und fein hacken. Den Käse mit dem Dill und reichlich Pfeffer aus der Mühle verrühren. Die Forellenfilets untermischen und die Creme mit Salz abschmecken.

Schinkencreme mit Preiselbeeren

ZUBEREITUNG: 5 MINUTEN
FÜR 8–10 BRÖTCHEN

Zutaten

2 dicke Scheiben Schwarzwälder Schinken (ohne Fettrand, etwa 100 g)
150 g Frischkäse | 2 EL Preiselbeeren (aus dem Glas) | 2 EL Schnittlauchröllchen
Salz | Pfeffer

Den Schinken fein würfeln. Den Frischkäse mit den Preiselbeeren und dem Schnittlauch verrühren. Die Schinkenwürfelchen unterziehen und die Creme mit Salz und Pfeffer abschmecken.

Gorgonzola-Birnen-Creme

ZUBEREITUNG: 10 MINUTEN
FÜR 8–10 BRÖTCHEN

Zutaten

1 reife Birne | 2 EL Zitronensaft
12 Walnusshälften | 120 g Gorgonzola
120 g Frischkäse | Salz | Pfeffer

Die Birne schälen, das Kerngehäuse entfernen und das Fruchtfleisch fein würfeln. Mit dem Zitronensaft vermischen. Die Walnüsse hacken. Den Gorgonzola in kleine Würfelchen schneiden.

Frischkäse mit Walnüssen und Birnenwürfeln verrühren und mit Salz und Pfeffer abschmecken. Den Gorgonzola vorsichtig untermengen.

▌TIPP: *Zerdrücken Sie den Gorgonzola so wenig wie möglich. Wenn er sich nämlich zu sehr mit dem Frischkäse vermengt, ergibt das eine graue Masse –* ***und das Auge isst schließlich mit!***

Schinkencreme mit Preiselbeeren

Pikant trifft süß – für Freunde dieser Kombination ein besonderer Leckerbissen.

Gorgonzola-Birnen-Creme

Servieren Sie diese würzige Creme doch mal mit Nussbrot als pikantes Dessert.

Ziegenkäse mit Knoblauch

Sanft in Olivenöl geschmort – so schmeckt Knoblauch hinreißend mild und aromatisch.

Forellencreme mit Limette

Herrlich frisch und leicht: Die Räucherfischcreme schmeckt auch auf knusprig gerösteten Crostini zum Aperitif!

Schnitzelbrötchen mit Zitronen-Senf-Butter

Hier kommt richtig was aufs Brötchen: Das Knusperschnitzel nach Wiener Art schmeckt und macht auch ganze Kerle satt.

ZUBEREITUNG: 20 MINUTEN
ERGIBT 2 BRÖTCHEN

Zutaten

Für die Schnitzel

1 Ei | 2 EL Mehl | 3 EL Semmelbrösel
2 kleine Schweineschnitzel (je etwa 120 g)
Salz | Pfeffer | 2 EL Butterschmalz

Außerdem

30 g weiche Butter | 1 TL Dijonsenf
½ unbehandelte Zitrone
2 Salatblätter | 2 Weizenbrötchen

Das Ei in einem tiefen Teller mit einem Teelöffel kaltem Wasser verquirlen. Das Mehl und die Semmelbrösel jeweils auf einen Teller geben. Das Fleisch trocken tupfen und mit Salz und Pfeffer würzen. Die Schnitzel erst im Mehl wenden und den Überschuss abklopfen. Dann durch das verquirlte Ei ziehen und schließlich in den Semmelbröseln wenden.

Das Butterschmalz in einer Pfanne zerlassen und die Schnitzel darin von jeder Seite in 3–4 Minuten goldbraun und knusprig ausbacken. Herausheben, auf Küchenpapier entfetten und abkühlen lassen.

Inzwischen die Butter mit dem Senf verrühren. Die Zitrone heiß abwaschen und abtrocknen, die Schale fein abreiben und einen Teelöffel Saft auspressen. Beides unter die Butter rühren und mit Salz und Pfeffer abschmecken. Die Salatblätter waschen und trocken tupfen.

Die Brötchen aufschneiden und alle Hälften mit der Zitronen-Senf-Butter bestreichen. Die unteren Hälften mit Salat und Schnitzel belegen und mit den oberen Hälften abdecken.

▮ VARIANTE: *Für eine mediterrane Variante mischen Sie 1 Esslöffel* ***frisch geriebenen Parmesan*** *und die fein gehackten Blättchen von 2* ***Thymianzweigen*** *unter die Semmelbrösel. Die Schnitzel dann in Öl ausbacken und die Brötchen mit* ***Sardellen-Kapern-Butter*** *(siehe Seite 35) bestreichen. Sie können statt Schwein natürlich auch Puten- oder Kalbsschnitzel verwenden.*

Tortillabrötchen

So stillt man in Spanien schnell und preiswert den kleinen Hunger zwischendurch: Das Kartoffel-Omelett gibt es dort in jeder Bar.

ZUBEREITUNG: 25 MINUTEN
ERGIBT 4–6 BRÖTCHEN

Zutaten

Für die Tortilla

400 g vorwiegend festkochende Kartoffeln | 1 Knoblauchzehe
2 Frühlingszwiebeln
4 Eier | Salz | Cayennepfeffer

Außerdem

Öl zum Ausbacken
4–6 Baguettebrötchen

Die Kartoffeln schälen und in Pommes-frites-Form schneiden. Den Knoblauch schälen und fein hacken. Die Frühlingszwiebeln putzen, waschen und fein schneiden.

In einer kleinen Pfanne zwei Zentimeter hoch Öl erhitzen. Die Kartoffelstäbchen gut trocken tupfen und darin in etwa 5 Minuten weich, aber nicht braun frittieren. In der letzten Minute den Knoblauch und die Frühlingszwiebeln dazugeben und kurz mitfrittieren. Durch ein Sieb abgießen (das Öl auffangen, das können Sie wiederverwenden!) und abtropfen lassen.

Die Eier in einer Schüssel mit je einer kräftigen Prise Salz und Cayennepfeffer verrühren, aber nicht schaumig schlagen. Die Kartoffelmischung salzen und unter die Eier mengen.

Die Pfanne wieder erhitzen, die Eier-Kartoffel-Mischung hineingeben, glatt streichen und 3–4 Minuten bei mittlerer Hitze backen. Die Tortilla dann mithilfe eines flachen Deckels oder eines Tellers wenden und in weiteren 4 Minuten goldgelb backen. Auf eine Platte gleiten und auskühlen lassen.

Die Tortilla – je nach Appetit – in acht oder zwölf Tortenstücke teilen und die Brötchen damit belegen. Dazu passen grüne Oliven und ein kühles Bier.

VARIANTEN: *Kartoffeln und Eier bilden die Basis der spanischen Tortilla (nicht zu verwechseln mit den mexikanischen Maisfladen!). Sie können sie ganz nach Lust und Laune mit ein wenig* ***Gemüse*** *(Paprikastreifen, Zucchini- oder Pilzscheiben),* ***Schinken-*** *oder* ***Chorizowürfelchen*** *oder* ***Garnelen*** *anreichern.*

Fischbrötchen mit Zwiebeln

Die haben Sie zuletzt auf dem Rummelplatz gegessen? Ab und an schmecken Fischbrötchen auch zu Hause!

ZUBEREITUNG: 5 MINUTEN
ERGIBT 3 BRÖTCHEN

Zutaten

3 Kaisersemmeln (oder andere Weizenbrötchen)
3 TL weiche Butter
3 Bismarckheringe (aus dem Glas)
1 Zwiebel | 1–2 Gewürzgurken

Die Semmeln aufschneiden und alle Hälften mit der Butter bestreichen. Die Heringe gut abtropfen lassen und je einen auf die unteren Brötchenhälften legen. Die Zwiebel schälen und in Ringe, die Gewürzgurken in Längsscheiben schneiden. Auf dem Fisch verteilen und mit den oberen Brötchenhälften abdecken.

▮ VARIANTE: *Das ist Ihnen dann doch zu simpel? Dann probieren Sie doch mal diesen* ***fruchtigen Heringssalat*** *auf den Brötchen: 2 doppelte Matjesfilets abtropfen lassen und klein würfeln. 1 Stück Salatgurke schälen, von den Samen und dem weichen Inneren befreien und millimeterfein würfeln. 1 säuerlichen Apfel schälen, das Kerngehäuse entfernen und das Fruchtfleisch ebenso klein würfeln. 2 Frühlingszwiebeln putzen, waschen und in feine Ringe schneiden. 2 Esslöffel Salatmayonnaise mit je 1 Esslöffel Schmand und mittelscharfem Senf verrühren. Matjes, Gurke, Apfel und Frühlingszwiebeln untermischen und mit Salz, Pfeffer und 1 Prise Zucker abschmecken. Die Brötchen aufschneiden, dünn mit Butter bestreichen und die unteren Hälften mit Salatblättern belegen. Den Heringssalat daraufhäufen und mit den übrigen Brötchenhälften abdecken. Schmeckt übrigens auch auf gebuttertem Vollkornbrot sehr lecker!*

▮ SCHON GEWUSST? *Für Bismarckheringe werden doppelte Heringsfilets aus dem Atlantik in einer Marinade aus Essig, Zwiebeln, Senfkörnern und Lorbeerblättern eingelegt. Die Rezeptur geht auf das 19. Jahrhundert zurück. Damals ging es neben dem Wohlgeschmack vor allem um die Haltbarmachung. Warum der Bismarckhering heißt, wie er heißt?* ***Reichskanzler Otto von Bismarck*** *soll ihn sehr gemocht und einem Stralsunder Fischhändler das Privileg erteilt haben, die eingelegten Heringe nach ihm zu benennen.*

Garnelen-Ei-Brötchen

Würziger Apfelsalat verleiht den Garnelenbrötchen den rechten Pfiff – das wäre doch vielleicht was fürs nächste Picknick!

ZUBEREITUNG: 15 MINUTEN
ERGIBT 3 BRÖTCHEN

Zutaten

Für den Curry-Apfel-Salat

½ Apfel | 1 EL Zitronensaft
3 EL Salatmayonnaise
1 TL Currypulver
Salz | Zucker | Pfeffer

Außerdem

2 hart gekochte Eier | 3 Salatblätter
3 Brötchen | 1 EL Salatmayonnaise
100 g gegarte Garnelen

Den halben Apfel schälen und das Kerngehäuse entfernen, das Fruchtfleisch klein würfeln und mit dem Zitronensaft beträufeln. Drei Esslöffel Mayonnaise mit dem Currypulver und je einer Prise Salz, Zucker und Pfeffer würzen. Die Apfelwürfelchen untermischen.

Die Eier pellen und in Scheiben schneiden. Den Salat waschen und trocken tupfen. Die Brötchen aufschneiden. Die oberen Hälften mit einem Esslöffel Mayonnaise bestreichen. Auf die unteren Hälften den Curry-Apfel-Salat geben und mit den Salatblättern belegen. Garnelen und Eischeiben darauf verteilen und mit den oberen Brötchenhälften abdecken. Zum Mitnehmen in Papiertüten geben oder in Folie wickeln.

VARIANTE: *Statt des Apfels können Sie für den Salat auch das* ***Fruchtfleisch von 1 Babyananas*** *verwenden. Die zauberhaften Brötchen mit den spitzen Enden, die man auf dem Bild sieht, macht einer meiner Münchener Lieblingsbäcker übrigens aus Kartoffelmehl. Garnelen, Ei und Curry-Apfel-Salat schmecken aber auch auf normalen Baguettebrötchen ausgesprochen gut.*

SCHON GEWUSST? *Garnelen, Krevetten, Shrimps – kennen Sie den Unterschied?* ***Garnelen*** *sind Krustentiere, die in vielerlei Arten in allen Meeren beheimatet sind. Die französische Bezeichnung für Garnele, die auch in Deutschland durchaus gebräuchlich ist, lautet* ***Crevette****, die Schweizer hingegen verwenden den englischen Namen* ***Shrimp****. Und unsere Nordseekrabben sind eigentlich* ***Nordseegarnelen****. Alles klar? Jedenfalls enthalten die aromatischen Tierchen reichlich leicht verdauliches Eiweiß, wertvolle Omega-3-Fettsäuren, Vitamine und Mineralstoffe wie Kalzium, Magnesium, Eisen, Kupfer, Selen, Zink und Jod. Weniger erfreulich ist, dass sie häufig mit Schwermetallen belastet sind.*

Bauernbrot mit Apfelschmalz

So einfach kann Genuss sein: gutes Brot, deftig-fruchtiges Schweineschmalz und Salz.

ZUBEREITUNG: 25 MINUTEN
ERGIBT 6 BROTE

Zutaten

Für das Schmalz

2 Zwiebeln | 1 säuerlicher Apfel
150 g Schweineschmalz
2 Zweige Thymian | 3 Salbeiblätter
1 Lorbeerblatt

Außerdem

3 große Scheiben Bauernbrot
grobes Meersalz
2–3 Äpfel (nach Belieben)

Die Zwiebeln schälen und nicht zu fein hacken. Den Apfel schälen, das Kerngehäuse entfernen und das Fruchtfleisch fein würfeln.

Das Schmalz in einem Topf zerlassen, die Zwiebeln darin 4–5 Minuten bei mittlerer Hitze braten, bis sie etwas Farbe annehmen. Thymian und Salbei waschen, trocken tupfen und mit dem Lorbeerblatt dazugeben. Die Apfelwürfelchen unterrühren und alles bei schwacher Hitze 5–8 Minuten garen.

Die Kräuter entfernen, das Apfelschmalz in ein sauberes Steingutgefäß füllen und vollständig abkühlen lassen. (Wer keines hat, gießt das Schmalz etwas abgekühlt in ein Glas mit Schraub- oder Bügelverschluss.) Dann zugedeckt in den Kühlschrank stellen, bis es ganz erstarrt ist.

Die Brote halbieren, mit dem Apfelschmalz bestreichen und mit grobem Salz bestreuen. Wer mag, schneidet als fruchtige Ergänzung einen Apfel in Schnitze und isst ihn dazu.

▮ SCHON GEWUSST? *Für dieses Rezept verwenden Sie bereits ausgelassenes Schweineschmalz. Wer alles selber machen möchte, bestellt beim Metzger* **Flomen** *(weiches Bauchfett vom Schwein) und lässt es aus. Zurück bleiben die ausgebratenen Speck- und Bindegewebsteilchen als knusprige* **Grieben**, *die Sie mit Zwiebeln und Äpfeln unter das fest gewordene Schmalz rühren. Beide Versionen halten im Kühlschrank eine gute Woche.*

▮ VARIANTE: *Sie können das Apfelschmalz auch mit* **Gänseschmalz** *zubereiten, das Sie beispielsweise beim Garen des weihnachtlichen Gänsebratens abschöpfen. Es hat allerdings einen niedrigeren Schmelzpunkt als Schweineschmalz und wird daher schon bei Zimmertemperatur wieder nahezu flüssig.*

Bauernbrot mit Obatzdem

Typisch bayerisch, deftig und würzig, so muss er sein der Obatzder. Im Biergarten isst man ihn zur Breze, auf Bauernbrot schmeckt er ebenso gut.

ZUBEREITUNG: 20 MINUTEN
ERGIBT 4 BROTE

Zutaten

Für den Obatzden

1 kleine gelbe Paprikaschote
1 Stange Staudensellerie
1 kleine Zwiebel
300 g sehr reifer Camembert
100 g weiche Butter | 2 TL Cayennepfeffer
Salz | 1 EL Schnittlauchröllchen

Außerdem

4 große Scheiben Bauernbrot

Die Paprikaschote putzen, waschen und millimeterfein würfeln. Die Selleriestange putzen, waschen und ebenso fein würfeln. Die Zwiebel schälen und fein hacken.

Den Camembert zusammen mit der Butter mit einer Gabel zerdrücken und vermengen. Paprikawürfelchen, Sellerie und Zwiebel untermengen und die Mischung mit dem Cayennepfeffer und Salz abschmecken. In eine Schale füllen und mit dem Schnittlauch bestreuen.

Obatzden und Brot zusammen servieren. Jeder streicht sich die Käsecreme dann selber so dick, wie er es mag, aufs Brot. Dazu passt Bier.

▌VARIANTE: *Puristen werden aufschreien angesichts meiner modernen Light-Version des Münchener Traditionsgerichts.* ***Hier das Original:*** *Je 150 Gramm reifen Camembert und Brie mit 100 Gramm weicher Butter mit einer Gabel zerdrücken und vermengen. 4 Esslöffel helles Bier, je 1 Teelöffel Kümmel und edelsüßes Paprikapulver untermischen und mit Salz abschmecken. Mit Schnittlauchröllchen bestreut anrichten.*

*Übrigens für beide Versionen sollte der Käse am besten so reif sein, dass er bereits »**läuft**« – bevor es in jedem Haushalt einen Kühlschrank gab, war der Obatzde in Bayern ein beliebtes Resteverwertungsrezept!*

▌SCHON GEWUSST? *Für alle Nicht-Bayern: Obatzder bedeutet »Angebatzter«, das heißt »**Zerdrückter**« oder »**Zerquetschter**«. Und genauso muss er sein: mit einer Gabel zerdrückt und mit den übrigen Zutaten vermengt; Handrührgerät und Pürierstab sind bei der Zubereitung tabu!*

Rettichbrot mit Sprossen

Angenehm leicht, frisch und saftig schmeckt dieses Brot. Mit den Sprossen kommt feine Schärfe hinzu.

ZUBEREITUNG: 20 MINUTEN
ERGIBT 4 BROTE

Zutaten

1 kleiner weißer Rettich
Salz | ½ Salatgurke
100 g Radieschensprossen
2 EL weiche Butter | 1 TL Dijonsenf
1 EL Schnittlauchröllchen
4 große Scheiben Bauernbrot
Pfeffer (nach Belieben)

Den Rettich schälen und in Scheiben hobeln. Die Scheiben kräftig salzen und 10 Minuten Wasser ziehen lassen. Die Gurke nach Belieben waschen oder schälen und ebenfalls in Scheiben hobeln. Die Sprossen waschen und in einem Sieb abtropfen lassen.

Die Butter mit dem Senf und dem Schnittlauch verrühren und mit einer Prise Salz abschmecken. Die Brote damit bestreichen.

Den Rettich mit Küchenpapier trocken tupfen und die Scheiben im Wechsel mit den Gurkenscheiben dachziegelförmig auf den Broten anordnen. Die Sprossen daraufgeben und nach Belieben etwas Pfeffer darübermahlen.

▌EINKAUFSTIPP: ***Radieschensprossen*** *bekommen Sie im Bioladen, aber auch in gut sortierten Supermärkten. Im Gemüsefach des Kühlschranks halten sie einige Tage. Die kleinen Pflänzchen gibt es in verschiedenen Farben, allen gemeinsam ist ihr hoher Vitamin- und Mineralstoffgehalt. Lust, sie selber zu ziehen? Dann besorgen Sie sich* ***Radieschen-Keimsaat*** *im Reformhaus oder Bioladen. Innerhalb von etwa drei Tagen können Sie »ernten«.*

▌VARIANTE: *Wussten Sie, dass sich Rettiche auch in Japan großer Beliebtheit erfreuen? Für eine asiatisch inspirierte Variante des Rettichbrotes bestreichen Sie helle Weizenbrotscheiben dünn mit der* ***Wasabi-Creme*** *von Seite 94 und belegen diese mit Rettich- und Gurkenscheiben. Statt der Radieschensprossen schmecken auch Alfalfa-Sprossen ausgezeichnet dazu.*

Sonnenblumenbrot mit Senfbutter und Schweinebraten

Hier kommt Deftiges aufs Brot, ideal dafür ist ein schöner Rest vom Sonntagsbraten.

ZUBEREITUNG: 5 MINUTEN
ERGIBT 2 BROTE

Zutaten

2 EL weiche Butter
1 Esslöffel mittelscharfer Senf | Salz
2 Scheiben Sonnenblumenbrot
etwa 200 g kalter Schweinebraten
Pfeffer (nach Belieben)

Die Butter mit dem Senf und einer kleinen Prise Salz verrühren. Die Brote damit bestreichen. Den Braten in dicke Scheiben schneiden und darauf anrichten. Nach Belieben Pfeffer darübermahlen. Dazu passen Radieschen und Bier.

▌SO GELINGT'S AUCH: *Wer keinen passablen kalten Bratenaufschnitt beim Metzger bekommt, kauft für einen selbst gemachten* ***Schweinekrustenbraten*** *ein Stück Schweineschulter (etwa 1,2 Kilogramm) und schneidet die Schwarte mit einem scharfen Messer rautenförmig ein. Das Fleisch rundherum mit Salz, Pfeffer und Kümmel einreiben. 1 große Zwiebel schälen und grob würfeln, 2 Knoblauchzehen ungeschält zerdrücken. Den Braten mit der Schwarte nach unten in einen Bräter legen, 400 Milliliter heißes Wasser angießen und die Zwiebel und den Knoblauch dazugeben. Im vorgeheizten Ofen 20 Minuten bei 220 °C garen, dann wenden und in etwa 1 Stunde 40 Minuten fertig braten. In der letzten halben Stunde die Kruste einige Male mit Bier bestreichen, damit sie knusprig wird. Was nicht gleich mit Knödeln als Mittagessen verspeist wird, abkühlen lassen, in Alufolie wickeln, im Kühlschrank aufbewahren und in den nächsten 4–5 Tagen als kalten Braten mit Brot essen.*

▌SCHON GEWUSST? *Kalter Schweinebraten ist in Bayern ein beliebter Brotbelag für eine* ***deftige Brotzeit.*** *Der Braten darf dabei gerne einen saftigen Fettrand besitzen und wird in bis zu ½ Zentimeter dicke Scheiben geschnitten. Wem das zu üppig ist, der entfernt Fett und Kruste und schneidet den Braten mit der Aufschnittmaschine in dünne Scheiben. Noch fettärmere Alternativen sind* ***kalter Kalbsbraten*** *oder* ***geräucherte Putenbrust.***

Bauernbrot mit Ölsardinen

Wann haben Sie die zuletzt gegessen? Könnte schon eine Weile her sein, oder? Schön, dass solch einfache Genüsse nie ganz aus der Mode kommen!

ZUBEREITUNG: 2 MINUTEN
ERGIBT 1 BROT

Zutaten

1 Scheibe Bauernbrot
½ EL Butter
1 Dose Ölsardinen (125 g)
½ Zitrone | Pfeffer

Das Brot mit Butter bestreichen. Die Sardinen aus der Dose nehmen, etwas abtropfen lassen, nach Belieben die Mittelgräte entfernen und die Sardinen auf das Brot drücken. Mit Zitronensaft beträufeln und reichlich Pfeffer darübermahlen. Fertig!

VARIANTE: *Für 15* ***Ölsardinen-Crostini*** *2 Dosen Ölsardinen (ohne Haut und Gräten) samt einem Großteil des Öls in einer Schüssel mit der Gabel zerdrücken. 3 Esslöffel Zitronensaft darüberträufeln. 1 Bund Petersilie waschen und trocken schütteln, die Blätter fein schneiden. 2 Frühlingszwiebeln putzen, waschen und in feine Ringe schneiden. Beides unter die Sardinen mischen, mit wenig Salz und reichlich Pfeffer würzen. 15 Scheiben Vollkornbaguette auf dem Blech im Backofen rösten. Lauwarm abgekühlt mit der* ***Sardinenmischung*** *belegen (geht am besten mit einem Esslöffel). Mit Zitronenspalten und Petersilienblättchen garnieren und als Auftakt zu einem rustikalen Menü servieren.*

SCHON GEWUSST? *Ölsardinen waren die ersten und sind neben Thunfisch in der Dose auch heute noch die am weitesten verbreiteten Fischkonserven. Zur Konservierung werden die Sardinen meist gehäutet und entgrätet, sanft gedämpft, in Dosen geschichtet, mit Öl aufgefüllt, luftdicht verschlossen und durch Erhitzen auf 100 °C sterilisiert. Dadurch werden sie für Jahre haltbar gemacht.*
Sardinen in Pflanzenöl waren von jeher preiswert, nahrhaft und lange lagerfähig. Bis in die 1990er-Jahre besaßen die kleinen quaderförmigen Büchsen mit den abgerundeten Ecken Rollverschlüsse, bei denen man eine Blechlasche mithilfe einer Art Dietrich, der zu jeder Dose mitgeliefert wurde, aufmachte. Inzwischen haben Zugringe zum Öffnen diese abgelöst.

JOBIANE

Vollkornbrot mit Pfeffermakrele

Ganz einfach. Einfach lecker!

ZUBEREITUNG: 10 MINUTEN
ERGIBT 4 BROTE

Zutaten

40 g weiche Butter | 1 EL Meerrettich
1 kleines Bund Schnittlauch | 2 Tomaten
4 Scheiben Vollkornbrot | Salz
200 g Pfeffermakrelenfilets

Die Butter mit dem Meerrettich verrühren. Den Schnittlauch waschen, trocken schütteln und in Röllchen schneiden. Die Tomaten waschen, vom Stielansatz befreien, in dünne Scheiben schneiden und auf Küchenpapier abtropfen lassen.

Die Vollkornbrote mit der Schnittlauchbutter bestreichen. Die Tomatenscheiben darauflegen und leicht salzen. Die Makrelenfilets von der Haut lösen und nach Belieben das Fett an der Rückseite abkratzen. Die Filets in Stücke pflücken und auf den Tomaten anrichten. Dazu schmeckt ein kühles Bier.

▮ SCHON GEWUSST? *Die Überfischung der Meere ist ein immer drängender werdendes Problem unserer Zeit, nur noch wenige Fischarten können wir bedenkenlos auf unseren Speisezettel setzen. Die Makrele gehört dazu. Also guten Appetit, für den* ***Genuss ohne Reue!***

▮ VARIANTE: *Für Gäste hätten Sie gerne ein etwas raffinierteres Rezept? Bitte schön, mit dieser* ***Räuchermakrelencreme*** *liegen Sie richtig: 1 unbehandelte Zitrone heiß abwaschen und abtrocknen, die Schale fein abreiben, den Saft auspressen. 300 Gramm Räuchermakrelenfilets in Stücke pflücken und mit dem Zitronensaft beträufeln. 2 dünne Stangen Staudensellerie waschen und fein hacken. Je ½ Bund Petersilie und Minze waschen und trocken schütteln, die Blätter fein hacken. 30 Gramm weiche Butter mit 50 Gramm Frischkäse und der Zitronenschale verrühren. Sellerie, Kräuter und Fisch unterrühren und mit Salz und Pfeffer abschmecken.*

▮ UND DAZU? *Diese herzhaften Brote verlangen nach einem kühlen Bier. An der Küste trinkt man dazu Pils oder – als alkoholarme und erfrischende Variante –* ***Alsterwasser*** *(halb Bier, halb Zitronenlimonade), das in Bayern als »****Radler****« bekannt und beliebt ist.*

Röstbrot mit Kichererbsen-Tomaten-Salat

Tahin und Harissa geben dem Salat eine leichte Schärfe und ein fein-nussiges Sesamaroma – beide lassen sich wunderbar mit mediterranen Zutaten wie sonnengetrockneten Tomaten und Rucola kombinieren.

ZUBEREITUNG: 20 MINUTEN
ERGIBT 2 BROTE

Zutaten

12 kleine Kirschtomaten
3 getrocknete Tomaten (in Öl eingelegt)
2 EL Tomateneinlegeöl
1 Handvoll kleine Rucolablättchen
1 EL Zitronensaft
1 TL Tahin (Sesampaste)
¼ TL Harissa (Chilipaste)
Salz | Zucker
½ Dose Kichererbsen (etwa 120 g)
2 Scheiben Bauernbrot
1 Knoblauchzehe

Die Kirschtomaten waschen, halbieren und nach Belieben die Stielansätze herausschneiden. Die getrockneten Tomaten abtropfen lassen und in feine Streifen schneiden. Den Rucola waschen und abtropfen lassen, die Stiele entfernen.

Den Zitronensaft mit Tahin, Harissa und je einer Prise Salz und Zucker verrühren und das Tomatenöl unterschlagen.

Die Kichererbsen in ein Sieb abgießen, kalt abbrausen und abtropfen lassen (Häutchen, die sich ablösen, entfernen). Kichererbsen, Kirschtomaten und getrocknete Tomatenstreifen unter die Salatsauce mischen.

Das Brot im Toaster oder auf dem Blech im Backofen kräftig rösten. Den Knoblauch längs halbieren und die Brote damit einreiben. Die Rucolablättchen unter den Kichererbsensalat heben und diesen auf die Brote häufen. Sofort warm servieren.

SCHON GEWUSST? *Tahin ist eine Paste aus gerösteten und gemahlenen Sesamsamen und Öl und ist im Orientladen und in Bioläden erhältlich. Sie findet in allen Ländern Nordafrikas und des Nahen Ostens für Cremes und Dips Verwendung. Besonders bekannt ist sie in Kombination mit Kichererbsen als* ***»Hummus«***. *Tahin hält sich im Kühlschrank gut ein Jahr. Achten Sie nur darauf, dass die Paste immer mit einer feinen Ölschicht bedeckt ist.*

Baguette mit Sherry-Honig-Hähnchen

Nehmen Sie dazu Erdnussbutter »crunchy« – mit kleinen Erdnussstückchen – schmeckt fabelhaft zur süßscharfen Hähnchenbrust!

ZUBEREITUNG: 30 MINUTEN
MARINIEREN: 2 STUNDEN
ERGIBT 2 BAGUETTES

Zutaten

Für die Hähnchenbrustfilets

6 EL Sherry medium | 1 EL Honig
1 Knoblauchzehe
2 kleine Hähnchenbrustfilets (je 150 g)
Cayennepfeffer | Salz | 1 EL neutrales Öl

Außerdem

4 Salatblätter | 1 Tomate
1 Stück Salatgurke (etwa 6 cm)
1 kleines Baguette (250 g)
2 EL Erdnussbutter

Den Sherry in einem kleinen Topf aufkochen, den Honig hinzufügen. Den Knoblauch schälen und dazupressen. Alles 1 Minute bei schwacher Hitze köcheln, dann lauwarm abkühlen lassen.

Die Hähnchenbrustfilets kalt abwaschen und trocken tupfen. Rundherum mit Cayennepfeffer einreiben und in einen Gefrierbeutel stecken. Die Sherrymarinade dazugießen, den Beutel verschließen und die Hähnchenbrustfilets mindestens 2 Stunden im Kühlschrank marinieren.

Das Fleisch aus der Marinade nehmen, trocken tupfen und salzen. Das Öl in einer Pfanne erhitzen und die Hähnchenbrustfilets darin von jeder Seite 3 Minuten braten. Dann die Marinade angießen und das Fleisch weitere 3–4 Minuten garen, die Hähnchenbrüste dabei mehrfach wenden. Die Pfanne vom Herd nehmen und das Fleisch lauwarm abkühlen lassen.

Die Salatblätter waschen und abtropfen lassen. Die Tomate waschen, vom Stielansatz befreien und in dünne Scheiben schneiden. Die Salatgurke waschen oder schälen und ebenfalls in dünne Scheiben schneiden.

Das Baguette quer und längs halbieren. Alle vier Teile mit Erdnussbutter bestreichen. Die beiden unteren Hälften mit Salat, Tomaten- und Gurkenscheiben belegen. Die Hähnchenbrustfilets in Scheiben schneiden und darauf anrichten. Mit den übrigen Baguettehälften abdecken und diese etwas andrücken.

SCHON GEWUSST? *Der Honig in der Marinade karamellisiert beim Braten und verleiht den Hähnchenbrustfilets neben süßlicher Würze auch eine appetitlich* ***goldbraune Farbe****. Achten Sie aber auf eine nicht allzu hohe Brattemperatur, damit er nicht verbrennt.*

Schinkenbaguette mit Dattel-Ingwer-Creme

Gekochter Schinken und aromatisch-scharfe Frischkäsecreme – zum Dahinschmelzen lecker!

ZUBEREITUNG: 25 MINUTEN
ERGIBT 4 BAGUETTES

Zutaten

Für die Dattel-Ingwer-Creme

10 getrocknete Datteln
20 g kandierter Ingwer
1 unbehandelte Orange
2 Frühlingszwiebeln
100 g Doppelrahmfrischkäse
Salz | Cayennepeffer
¼ TL gemahlener Kardamom

Außerdem

4–6 Blätter Radicchio | 1 Baguette (350 g)
4 Scheiben gekochter Schinken
(etwa 80 g)

Die Datteln entsteinen und klein hacken. Den kandierten Ingwer fein hacken. Die Orange heiß abwaschen und abtrocknen, von einer Hälfte die Schale mit dem Zestenreißer in feinen Streifen abziehen und zwei Esslöffel Saft auspressen. Die Frühlingszwiebeln putzen, waschen und in feine Ringe schneiden.

Den Frischkäse mit Orangensaft und -schale, je einer Prise Salz und Cayennepfeffer und dem Kardamom verrühren. Die gehackten Datteln, den kandierten Ingwer und die Frühlingszwiebeln untermischen.

Die Radicchioblätter waschen, trocken tupfen und – falls sie sich sehr wölben – in Stücke zupfen. Das Baguette schräg in vier etwa gleich große Stücke schneiden und diese aufschneiden. Alle Teile mit der Ingwer-Dattel-Creme bestreichen. Die unteren Hälften mit Radicchio belegen und jeweils eine Schinkenscheibe daraufgeben. Mit den oberen Baguettehälften abdecken und diese etwas andrücken.

- EINKAUFSTIPP: *Kandierten Ingwer bekommen Sie in gut sortierten Supermärkten und im Bioladen. Er gibt nicht nur Gebäck eine reizvolle **würzig-süße Schärfe**, sondern schmeckt, wie ich finde, auch besonders gut in Kombination **mit Schinken und kaltem Braten** (Kalbsbraten oder geräucherte Putenbrust ist eine gute Alternative zum Schinken!).*

- LÄSST SICH VORBEREITEN: *Die Frischkäsecreme lässt sich gut einige Tage in einer dicht schließenden Dose im Kühlschrank aufbewahren, wird dann sogar noch ausdrucksvoller vom Aroma. Allerdings sollten Sie, wenn Sie das vorhaben, die Frühlingszwiebeln weglassen, da sie schnell ihre Frische verlieren und nach 1–2 Tagen leicht muffig schmecken. Sie können die **Frühlingszwiebeln** dann alternativ frisch geschnitten auf die Baguettes streuen.*

Baguette mit Roastbeef und Gurkenrelish

Chilischärfe bekommt dem zarten, rosa gebratenen Rindfleisch ausgezeichnet.

ZUBEREITUNG: 15 MINUTEN
ERGIBT 2–4 BAGUETTES

Zutaten

Für das Gurkenrelish

1 Stück Salatgurke (etwa 10 cm)
1 große rote Chilischote
1 Frühlingszwiebel
4 Stängel Koriandergrün
2 EL Limettensaft
1 TL Zucker | 1 EL Öl | Salz

Außerdem

1 kleines Baguette | 2 EL weiche Butter
120 g Roastbeef-Aufschnitt

Das Gurkenstück waschen, längs halbieren, die Kerne und das weiche Innere entfernen und das Fruchtfleisch fein würfeln. Die Chilischote waschen, längs aufschneiden, von den Samen befreien und fein schneiden. Die Frühlingszwiebel putzen, waschen und ebenfalls fein schneiden. Das Koriandergrün waschen und trocken schütteln, die Blätter und zarten Stiele fein hacken. Limettensaft und Zucker verrühren, bis dieser sich aufgelöst hat. Alle vorbereiteten Zutaten und das Öl unterrühren und mit Salz abschmecken.

Das Baguette aufschneiden, beide Hälften mit Butter bestreichen. Die untere Hälfte mit dem Roastbeef belegen und das Gurkenrelish darauf verteilen. Mit der oberen Hälfte abdecken und das Baguette in zwei oder vier Stücke teilen.

SCHON GEWUSST? *Für größere Mengen lohnt es sich, das* **Roastbeef selber zu braten.** *Perfekt rosa wird es mithilfe der Niedrigtemperaturmethode bei 80 °C: Den Backofen samt einer ofenfesten Form aus Porzellan oder Keramik auf 80 °C vorheizen. Ein Stück Roastbeef von etwa 1 Kilogramm rundherum salzen, pfeffern und dünn mit mittelscharfem Senf einstreichen. In einer Pfanne etwas Öl erhitzen und das Fleisch darin sorgfältig von allen Seiten, auch an den Enden, in etwa 8 Minuten anbraten. Dann in die Form im Ofen umsetzen und in etwa 2 Stunden bei 80 °C fertig garen.* **Für kaltes Roastbeef** *das Stück vollständig abkühlen lassen, fest in Alufolie wickeln und bis zum Gebrauch in den Kühlschrank legen. Es schmeckt aber natürlich auch warm ganz köstlich – als Braten ebenso wie als Sandwichbelag.*

Saltimbocca-Sandwich

Der italienische Klassiker schmeckt auch kalt auf dem Brötchen mit Tomaten-Rucola-Butter.

ZUBEREITUNG: 15 MINUTEN
ABKÜHLEN: 20 MINUTEN
ERGIBT 2 SANDWICHES

Zutaten

Für die Saltimbocca

4 Salbeiblätter
2 Scheiben Parmaschinken
2 dünne Kalbsschnitzel (je etwa 100)
Pfeffer | Salz | 1 EL Olivenöl
2 EL Marsala (ersatzweise Sherry medium)

Außerdem

1 Handvoll Rucolablätter
2 Ciabatta- oder Baguettebrötchen
1 Portion Tomaten-Rucola-Butter (siehe Seite 35)

Die Salbeiblätter waschen und trocken tupfen. Die Schinkenscheiben halbieren. Die Schnitzel trocken tupfen und halbieren, mit Pfeffer und wenig Salz (der Schinken enthält Salz) würzen. Jeweils ein Salbeiblatt und eine halbe Schinkenscheibe daraufgeben und mit einem Holzspießchen feststecken.

Das Öl in einer Pfanne erhitzen. Die Schnitzelchen mit der Schinkenseite hineingeben und 1–2 Minuten anbraten, dann wenden und in 2 Minuten fertig braten. Die Saltimbocca kurz herausnehmen, den Bratensatz mit dem Marsala ablöschen und losrühren. Das Fleisch in die kochende Flüssigkeit legen, die Pfanne vom Herd nehmen und die Schnitzelchen darin noch 5 Minuten zugedeckt ziehen lassen. Dann herausnehmen und vollständig abkühlen lassen.

Den Rucola waschen und abtropfen lassen, die Stiele entfernen. Die Brötchen aufschneiden und alle Hälften mit der Tomaten-Rucola-Butter bestreichen. Die unteren Hälften mit Rucola belegen. Die Spießchen aus den Saltimbocca entfernen und zwei Schnitzelchen auf jedes Brötchen geben. Mit den oberen Hälften abdecken.

▮ LÄSST SICH VORBEREITEN: *Sie müssen die Saltimbocca natürlich nicht frisch für die Sandwiches zubereiten. Vielmehr eignen sie sich zur* ***Resteverwertung deluxe.*** *Wenn Sie für Gäste Saltimbocca als warmes Gericht servieren (beispielsweise mit Rosmarinkartoffeln und mediterranem Gemüse), so machen Sie gleich ein paar mehr. Die würzigen Mini-Schnitzel halten in Folie gewickelt im Kühlschrank 2–3 Tage.*

Pain bagnat

Nizza-Salat im Brot, so lässt sich der französische Sattmacher kurz beschreiben. Saftig, würzig und unglaublich gut!

ZUBEREITUNG: 25 MINUTEN
MARINIEREN: 30 MINUTEN
ERGIBT 2 BROTE

Zutaten

Für den Salat

2 Artischockenherzen
2 hart gekochte Eier
1 Dose Thunfisch in Öl (185 g)
6 Sardellenfilets
4 EL weiße Bohnen (aus der Dose, nach Belieben) | 2–3 Blätter Romanasalat
1 grüne Peperoni | 2–3 Stängel Basilikum
2 EL Weißweinessig | 1/3 TL Fleur de Sel (Salzblüte) | 4 EL bestes Olivenöl
2 EL kleine schwarze entsteinte Oliven
Pfeffer

Außerdem

2 kleine Ciabattabrote

Die Artischockenherzen abtropfen lassen und vierteln. Die Eier pellen und sechsteln. Den Thunfisch in ein Sieb geben, abtropfen lassen und mit einer Gabel zerpflücken. Die Sardellenfilets abtropfen lassen und klein schneiden. Die Bohnen, falls verwendet, in ein Sieb geben, kalt abbrausen und abtropfen lassen.

Den Salat waschen, abtropfen lassen und in Streifen schneiden. Die Peperoni waschen und in Scheiben schneiden (wer die Samen nicht mag, legt die Peperonischeiben kurz in kaltes Wasser). Die Basilikumblätter abzupfen.

Den Essig in einer Schüssel mit dem Fleur de Sel verrühren, bis dieses sich gelöst hat. Das Olivenöl unterschlagen. Alle vorbereiteten Zutaten und die Oliven untermischen, den Salat mit Pfeffer würzen und kurz ziehen lassen.

Die Brote aufschneiden und die Hälften etwas aushöhlen, um Platz für die Füllung zu schaffen. Den Salat einfüllen und mit den oberen Brothälften abdecken. Vor dem Reinbeißen 30 Minuten durchziehen lassen.

SCHON GEWUSST? *»Gebadetes Brot« heißt* ***Pain bagnat*** *wörtlich übersetzt. Und genauso muss es sein: ein wenig aufgeweicht und supersaftig. Dafür wird in Nizza, wo diese Spezialität zu Hause ist, allerdings ein spezielles Weißbrot gebacken, das hier nicht zu bekommen ist. Ciabatta ist ein guter Ersatz, zur Not geht auch ein großes Stück Baguette.*

Aprikosencreme mit Pistazien

Durch Kardamom bekommt der fruchtig-süße Brotaufstrich orientalische Würze.

Ricotta-Mango-Creme

Weiße Schokolade und Vanille kombiniert mit Mango – eine unwiderstehliche Mischung.

Dattel-Sesam-Creme

Fein zerbröselter Sesamkrokant passt perfekt zur Dattelcreme – ein Fest für Süßschnäbel!

Schoko-Cranberry-Creme

Chili verleiht der fruchtigen Schokoladencreme den exotischen Geschmackskick.

Aprikosencreme mit Pistazien

ZUBEREITUNG: 25 MINUTEN
FÜR 4–6 BRÖTCHEN

Zutaten

80 g getrocknete Softaprikosen
2 grüne Kardamomkapseln
Saft von 1 Orange (etwa 100 ml)
100 g Ricotta | 1 EL Pistazienkerne

Die Aprikosen klein würfeln, die Kardamomkapseln zerdrücken und die Samen herausholen. Aprikosen und Kardamomsamen im Orangensaft aufkochen, 5 Minuten bei schwacher Hitze kochen lassen, vom Herd nehmen. Die Mischung vollständig abkühlen lassen, dann fein pürieren und den Ricotta unterrühren. Die Pistazien hacken und dazugeben.

Ricotta-Mango-Creme

ZUBEREITUNG: 15 MINUTEN
FÜR 4–6 BRÖTCHEN

Zutaten

50 g weiße Sokolade | ½ Vanilleschote
100 g Ricotta | 1 Stück reife Mango
(etwa 80 g) | 1 EL Limettensaft

Die Schokolade im Wasserbad schmelzen und lauwarm abkühlen lassen. Die Vanilleschote längs aufschneiden und das Mark herauskratzen. Beides unter den Ricotta rühren. Das Mangostück schälen, sehr fein würfeln, mit dem Limettensaft mischen und unter die Creme ziehen.

Dattel-Sesam-Creme

ZUBEREITUNG: 15 MINUTEN
FÜR 4–6 BRÖTCHEN

Zutaten

2 EL Sesam | 2 EL Zucker
100 g getrocknete Datteln
Saft von 1 Zitrone | 60 g Frischkäse

Sesamsamen und Zucker in einem Pfännchen erwärmen, bis der Zucker schmilzt und der Sesam goldgelb ist. Die Masse auf Backpapier geben und sofort dünn verstreichen. Abkühlen und fest werden lassen.

Die Datteln entsteinen, mit dem Zitronensaft und dem Frischkäse pürieren. Den Sesamkrokant zerbröseln und untermischen.

Schoko-Cranberry-Creme

ZUBEREITUNG: 20 MINUTEN
FÜR 4–6 BRÖTCHEN

Zutaten

30 g getrocknete Cranberrys
4 EL roter Portwein
25 g Bitterschokolade | 100 g Frischkäse
¼–½ große rote Chilischote

Die Cranberrys mit dem Portwein aufkochen, vom Herd nehmen und zugedeckt 10 Minuten ziehen lassen. Die Schokolade im Wasserbad schmelzen und lauwarm abgekühlt unter den Frischkäse rühren. Die Portweincranberrys hacken. Die Chilischote waschen, von den Samen befreien und fein hacken. Beides unter die Schokocreme rühren.

Schokokussbrötchen

Die kleinen Zuckerbomben sind nicht nur, aber vor allem beim Kindergeburtstag der Hit!

ZUBEREITUNG: 20 MINUTEN
RUHEZEIT: 1 STUNDE 30 MINUTEN
BACKEN: 15 MINUTEN
ERGIBT 12 STÜCK

Zutaten

Für die Milchbrötchen

300 g Mehl | 175 ml Milch | 1 EL Zucker
½ Würfel frische Hefe | Salz
1 EL weiche Butter
1 Eigelb und 1 EL Milch zum Bestreichen

Außerdem

12 Mini-Schokoküsse

Das Mehl in eine Schüssel geben und eine Mulde hineindrücken. Die Milch erwärmen und den Zucker und die Hefe darin auflösen. In die Mulde gießen, etwas Mehl darüberstauben und den Vorteig 15 Minuten zugedeckt an einem warmen, zugluftfreien Ort gehen lassen.

Eine Prise Salz und die Butter zu dem Vorteig und dem Mehl geben und die Mischung mit den Knethaken des Handrührgeräts 3–4 Minuten kneten, bis sie sich als Teigkloß vom Schüsselrand löst. Den Teig auf die bemehlte Arbeitsfläche legen und wie auf Seite 16 beschrieben zu einem festen Teigball formen. Umgedreht in die bemehlte Schüssel geben und 1 Stunde an einem warmen, zugluftfreien Ort gehen lassen.

Den Teig in zwölf gleich große Stücke teilen, diese zu Kugeln formen und etwas flach drücken. Auf ein mit Backpapier belegtes Blech legen und zugedeckt weitere 15 Minuten gehen lassen. Inzwischen den Backofen auf 200 °C vorheizen.

Eigelb und Milch verrühren und die Milchbrötchen damit bestreichen. Das Gebäck im heißen Ofen etwa 15 Minuten backen, dann herausnehmen und abkühlen lassen. Für die Schokokussbrötchen die Milchbrötchen halbieren, je einen Schokokuss auf die untere Hälfte stellen, mit der oberen Brötchenhälfte zusammendrücken und reinbeißen!

- VARIANTE: *Wer sich mit den Schokoküssen nicht anfreunden kann, bestreicht die Milchbrötchen mit einer der süßen* ***Frischkäsecremes*** *von Seite 155.*

- SCHON GEWUSST? *Für Schokoküsse wird gezuckerter Eischaum auf eine Waffel aufgebracht und mit einer Schokoladenglasur überzogen. Die ersten sollen Ende des 19. Jahrhunderts in französischen Konditoreien angeboten worden sein. Da wir Eischaumgebäck als* ***»Baiser«*** *bezeichnen, fand der Kuss (franz.* baiser*) Eingang in die Bezeichnung Schokokuss. Unsere Baisers werden in Frankreich hingegen als Meringues bezeichnet.*

Warme Brote

Wenn es draußen nasskalt und ungemütlich ist, braucht man etwas, das für ein *wohlig-warmes Gefühl* im Magen sorgt. Für den kleinen Hunger oder als Vorspeise bereiten Sie sich dann in französischer Manier einen überbackenen Toast wie den Croque Monsieur zu. Wer richtig Appetit hat, entscheidet sich *für etwas Kräftigeres:* Da kommen üppig gefüllte Pita- und Fladenbrote oder große warme Sandwiches wie gerufen.

Aus Grill und Backofen

Ob überbackener Toast, gefülltes Pitabrot oder saftig gefüllte und knusprig gegrillte Focaccia – *in diesem Kapitel wird es heiß.* Hier finden Sie feine Genussbrote zum Snacken ebenso wie opulente Sattmacher für den großen Appetit.

Im Kapitel »Rund ums Toastbrot« haben Sie mit den Mini-Sandwiches aus dem Sandwichmaker (siehe Seite 99–101) schon einen kleinen Vorgeschmack auf heiße Toasts bekommen. Hier nun erwarten Sie gefüllte und überbackene Toasts als Vorspeise, warmer Imbiss oder kleines Hauptgericht. Klassiker sind ebenso vertreten wie gästefeine, moderne Kreationen: Überbackene Toasts mit Radicchio, Birne und Camembert oder mit Trauben, Walnüssen und Gorgonzola sind meine derzeitigen Favoriten, über die sich besonders Vegetarier freuen werden. Für Fleischliebhaber ist der überbackene Toast mit Pfeffermedaillons einen Versuch wert.

Beginnen wir mit einem klassischen Schinken-Käse-Toast: Der Croque Monsieur wird durch saftigen Kochschinken, würzigen Gruyère und reichlich Butter zu einem gehaltvollen Genuss. Kein Wunder also, dass er bei französischen Studenten überaus beliebt ist. Mit solch einem Imbiss kommt man zum kleinen Preis, wunderbar gesättigt, durch den ganzen Tag. Butter ist der Schlüssel zu allen gelungenen überbackenen Toasts à la française. Heizen Sie dazu den Backofen auf 200 °C vor und belegen Sie ein Blech mit Backpapier. Bestreichen Sie die Toastscheiben mit Butter und backen Sie sie etwa drei Minuten vor. (Das Toastbrot darf dazu gerne bereits ein wenig älter und trocken sein, durch die Butter wird es im Ofen wieder knusperfrisch!) Die Toastscheiben wölben sich beim Vorbacken oft ein wenig. Um sie besser belegen oder füllen zu können, sollten Sie sie deshalb wenden und auf der anderen Seite eine weitere Minute backen. Dann nehmen Sie das Blech kurz heraus, belegen oder füllen die Toasts und backen sie anschließend fertig.

Als süßen Abschluss des Kapitels finden Sie auf Seite 188 das Rezept für eine feine Variante von »Armen Rittern« – Sie erinnern sich? Mit Eiermilch getränkte altbackene Brötchenscheiben, in der Pfanne ausgebacken und mit Zimt-Zucker bestreut? Für viele ein Lieblingsgericht aus der Kindheit. Hier werden in einer Ei-Orangensaft-Mischung gewendete Toasts in Butterschmalz gebraten und anschließend im Backofen knusprig gebacken. Orangenzesten und Ingwer verleihen den süßen Knuspertoasts eine ungewöhnliche frisch-herbe Note, die auch Ihre Gäste begeistern wird – als warmer Beitrag zum Brunch oder mit kühler Vanillesahne als Dessert.

Gut gefüllt

Herzhafter und sättigender wird die Sache mit Ciabatta, Focaccia (italienisches Fladenbrot, siehe Seite 25), Pita- und Fladenbrot. Letztere bekommen Sie in türkischen und orientalischen Läden. Die Pitabrote sind aber auch ganz leicht selber gemacht (siehe Seite 32) und lassen sich gut auf Vorrat einfrieren (einzeln in Alufolie verpacken!). In etwa 10 Minuten sind sie im Backofen bei 100 °C aufgetaut und vorgewärmt.

Würstchen, Köfte, Falafel oder gegrilltes Gemüse – wählen Sie Ihren Lieblingsbelag und bereiten Sie alles Nötige dazu vor. Neben den Hauptzutaten kommen immer ein wenig Salat, Tomate und/oder Gurke zum Einsatz, die das Ganze frisch und saftig machen. Daneben brauchen Sie, damit es besser rutscht, eine Sauce oder Creme. Als Basis tun Joghurt, Crème fraîche oder Schmand gute Dienste. Knoblauch, Sesampaste, Zitronensaft, Olivenöl und Gewürze bringen Aroma ins Spiel.

Zum Füllen vierteln Sie das Fladenbrot und schneiden es so auf, dass es am Rand noch gut zusammenhält. In die Pitabrote schneiden Sie eine Tasche. Legen Sie die Brote in den 100 °C warmen Backofen und backen Sie sie einige Minuten auf, bis sie warm und knusprig sind. Zum Füllen streichen Sie jedes Brot zuerst mit der Creme aus (geht am besten mit einem Esslöffelrücken) und geben dann die übrigen Zutaten hinein. Nun nur noch mit einer Serviette umwickeln, und dann einfach reinbeißen!

Brot zum Fertigbacken

Ciabatta und Focaccia gibt es in Supermärkten häufig vakuumverpackt zum Fertigbacken. Es ist ganz praktisch, immer ein paar davon im Vorrat zu haben. Wenn mal keine Zeit zum Einkaufen blieb oder wenn Überraschungsgäste hereinschneien, brauchen Sie es nur in den Backofen zu schieben und in Kürze können Sie mit knusprigem Brot aufwarten – als Beilage zu Salat oder Suppe oder eben auch als Unterlage für warme Sandwiches.

Sie besitzen einen Kontaktgrill (siehe Seite 9)? Wunderbar, dann können Sie das Brot für gefüllte Sandwiches nach dem Rezept von Seite 180 direkt aus der Packung verwenden. Sie schneiden es einfach auf, füllen es und backen es im Kontaktgrill so lange, bis es goldbraune Grillstreifen hat und die Füllung heiß ist. Das Brot bleibt bei dieser Zubereitungsart supersaftig und bekommt die gewünschte Knusperkruste, ohne dabei auszutrocknen. Vorheriges Fertigbacken im Backofen ist dabei unnötig, einfach perfekt!

Ein kleiner Wermutstropfen ist dabei: Die Backwaren aus der Packung enthalten im Allgemeinen reichlich Backtriebmittel und andere künstliche Zusätze. Wer da empfindlich reagiert, greift auf Brot zum Fertigbacken aus dem Bioladen zurück oder backt selber: Auf Seite 25 finden Sie das Rezept für Tomaten-Focaccia (für neutrale Focaccia lassen Sie Pinienkerne und getrocknete Tomaten einfach weg). Zum Einfrieren und später Fertigbacken nehmen Sie die Focaccia 5 Minuten vor Ende der Backzeit aus dem Ofen und schneiden sie abgekühlt in sandwichgerechte Stücke. Zum Genießen lassen Sie die Stücke bei Zimmertemperatur auftauen, füllen sie und backen sie im Kontaktgrill fertig.

Überbackener Toast mit Parmesanbutter
und grünem Spargel, bekrönt mit einem Wachtelspiegelei – etwas für Auge und Gaumen.

Croque Monsieur

»Croquer« bedeutet krachen, knacken – der lautmalerische Begriff beschreibt wie ein echter Croque Monsieur sein muss: superknusprig!

ZUBEREITUNG: 20 MINUTEN
ERGIBT 2 DOPPELTOASTS

Zutaten

80 g Gruyère oder Comté
4 TL weiche Butter | 1 TL Dijonsenf
4 Scheiben Toastbrot
2 Scheiben Schinken

Den Backofen auf 220 °C vorheizen, ein Blech mit Backpapier belegen. Den Käse reiben. Drei Teelöffel Butter mit dem Senf verrühren. Die Toasts leicht vortoasten.

Die Toastscheiben mit der Senfbutter bestreichen und den Käse aufstreuen und leicht festdrücken. Die Schinkenscheiben falten und zwei Toasts damit belegen. Mit den übrigen Toasts abdecken (Käseseite nach unten).

Die Oberseite der Doppeltoasts mit der restlichen Butter bestreichen. Auf das Blech geben und im heißen Ofen 8–10 Minuten backen, bis sie knusprig und goldbraun sind. Heiß mit einem kleinen Salatbouquet als Beilage servieren.

VARIANTEN: *Mancherorts wendet man die Schinken-Käse-Toasts vor dem Backen kurz in einem mit einem Esslöffel Sahne verschlagenen Ei. In Pariser Cafés und Bistros fast ebenso beliebt ist der* ***Croque Madame:*** *Bereiten Sie dazu wie beschrieben einen Croque Monsieur zu. Während der im Backofen ist, braten Sie ein Speigelei und setzen dieses vor dem Servieren auf den heißen Toast. Für eine feine Variante belegen Sie die Toasts vor dem Überbacken zusätzlich mit Spargelstücken (gegart und gut abgetropft) und streuen etwas geraspelten Käse darüber.*

SCHON GEWUSST? *Der Crouqe Monsieur wurde zum ersten Mal im Jahr 1910 im Pariser* ***Grand Café*** *serviert und ist bis heute ein typischer französischer Imbiss. Generationen von Studenten haben sich mit dem preiswerten, aber gehaltvollen Doppeldecker über die Runden gebracht.*

Toast mit Schinken, Pilzen und Fontina

Die feinen heißen Doppeldecker kennen Sie sicher aus italienischen Bars – immer wieder ein Genuss!

ZUBEREITUNG: 20 MINUTEN
ERGIBT 2 DOPPELTOASTS

Zutaten

100 g Champignons | 1 TL Olivenöl | Salz
2 Artischockenherzen (in Öl eingelegt)
1 EL Mayonnaise | 1 TL Zitronensaft
Pfeffer | 4 Scheiben Toastbrot | 2 Scheiben luftgetrockneter Schinken | 40 g Fontina

Die Champignons putzen und in Scheiben schneiden. Das Öl in einer Pfanne erhitzen, die Pilze darin 2–3 Minuten braten, leicht salzen.

Die Artischockenherzen abtropfen lassen, klein schneiden und unter die Mayonnaise rühren. Mit Zitronensaft und etwas Pfeffer abschmecken.

Einen Kontaktgrill vorheizen. Die Toastscheiben mit der Artischockenmayonnaise bestreichen. Zwei Scheiben mit dem Schinken, den Pilzen und dem in dünne Scheiben geschnittenen Käse belegen. Mit den übrigen Brotscheiben abdecken (bestrichene Seite nach unten) und im Kontaktgrill in 3–4 Minuten knusprig toasten.

SO GELINGT'S AUCH: *Wer keinen Kontaktgrill besitzt, kann die Doppeltoasts auch bei 200 °C auf dem Blech im Backofen zubereiten. Die hübschen Grillstreifen bekommt man dann allerdings nicht hin.* **Die Artischockenmayonnaise** (crema di carciofi) *gibt es in italienischen Feinkostläden auch fertig zu kaufen. Eine feine Alternative ist* **Pilzcreme** (crema di funghi), *die sich auch gut mit Schinken oder geräucherter Putenbrust und Mozzarella kombinieren lässt.*

Toast mit Pfeffermedaillons

Rosa Pfeffer verleiht pikante Würze, zitronige Béchamelsauce unwiderstehliche Cremigkeit.

ZUBEREITUNG: 45 MINUTEN
ERGIBT 4 TOASTS

Zutaten

Für die Béchamelsauce

50 g Butter | 2 gestrichene EL Mehl
200 ml Milch | ½ unbehandelte Zitrone
Salz | Pfeffer | Muskatnuss, frisch gerieben

Außerdem

1 EL rosa Pfeffer | 8 Schweinefiletmedaillons (je etwa 30 g) | Salz | 1 EL Öl
4 Scheiben Vollkorntoast | 2–3 Teelöffel Butter | 4 Scheiben milder Butterkäse

Die Butter in einem Topf bei schwacher Hitze zerlassen. Das Mehl hinzufügen und 1 Minute anbraten. Nach und nach unter Rühren mit dem Schneebesen die Milch hinzufügen, sodass keine Klümpchen entstehen. 5 Minuten köcheln lassen. Die Zitrone heiß abwaschen und abtrocknen, die Schale fein abreiben, zwei Esslöffel Saft auspressen. Beides unter die Sauce rühren und mit Salz, Pfeffer und Muskat abschmecken.

Den rosa Pfeffer im Mörser grob zerstoßen. Die Medaillons flach drücken, salzen und auf einer Seite mit dem rosa Pfeffer würzen. Das Öl in einer Pfanne erhitzen. Die Medaillons mit der Pfefferseite 2 Minuten anbraten, wenden und 1 Minute weiterbraten. Vom Herd nehmen.

Den Ofen auf 200 °C vorheizen, ein Blech mit Backpapier belegen. Die Toasts leicht vortoasten, dünn mit Butter bestreichen und auf das Blech legen. Jeweils zwei Medaillons daraufsetzen, etwas Béchamelsauce darübergeben und mit dem Käse abdecken. Im Ofen 5–7 Minuten backen.

Toast mit grünem Spargel, Wachtelei und Parmesan

Parmesan und Büffelmozzarella verleihen den überbackenen Toasts feine italienische Würze.

ZUBEREITUNG: 25 MINUTEN
ERGIBT 4 TOASTS

Zutaten

250 g grüner Spargel | Salz | Zucker
50 g weiche Butter | 40 g Parmesan
Pfeffer | 1 Kugel Büffelmozzarella
4 Scheiben Toastbrot
1 TL Öl | 4 Wachteleier

Den Spargel im unteren Drittel schälen und die Enden abschneiden. Die Stangen quer halbieren. In einem Topf einen Liter Wasser mit je einem Teelöffel Salz und Zucker und einem Teelöffel Butter aufkochen und den Spargel darin in 6 Minuten bissfest kochen. Herausnehmen und in Eiswasser geben, damit er seine schöne Farbe behält. Anschließend auf Küchenpapier abtropfen lassen.

Zwei Drittel des Parmesans reiben, den Rest beiseitelegen. Den frisch geriebenen Parmesan mit der übrigen Butter verrühren und mit Pfeffer würzen. Den Mozzarella abtropfen lassen und in dünne Scheiben schneiden

Den Backofen auf 200 °C vorheizen, ein Blech mit Backpapier belegen. Die Toasts leicht vortoasten und mit der Parmesanbutter bestreichen. Den Spargel darauf verteilen und mit den Mozzarellascheiben belegen. Im heißen Ofen etwa 6 Minuten überbacken, bis der Mozzarella schmilzt.

Inzwischen eine beschichtete Pfanne mit dem Öl ausreiben und darin aus den Wachteleiern vier Spiegeleier braten. Leicht salzen.

Die Toasts auf vorgewärmte Teller geben und jeweils ein Spiegelei daraufsetzen. Mit dem Sparschäler Parmesanspäne daraufhobeln.

▮ VARIANTE: *Eine andere Geschmacksrichtung bekommen die Spargeltoasts, wenn Sie statt der Parmesanbutter die* ***Knoblauch-Pilz-Butter*** *von* *Seite 35* *verwenden. Dann die Wachteleier weglassen und den Spargel statt mit Mozzarella mit geraspeltem Comté überbacken.*

Toast mit Radicchio, Birne und Camembert

Der bittere Radicchio harmoniert ausgezeichnet mit der fruchtigen Süße der Birne.

ZUBEREITUNG: 25 MINUTEN
ERGIBT 4 TOASTS

Zutaten

1 kleiner Kopf Radicchio (etwa 120 g)
50 g weiche Butter | Salz | Pfeffer
1 EL Balsamico cremoso
4 Scheiben Toastbrot
1 EL Pinienkerne | 1 reife Birne
1 EL Zitronensaft | 120 g Camembert

Den Radicchio vierteln, den Strunk entfernen und die Blätter in Streifen schneiden. In einem Sieb kalt abbrausen und gut abtropfen lassen. Zwei Teelöffel Butter in einer Pfanne zerlassen, den Radicchio darin 2 Minuten unter Rühren braten, mit Salz und Pfeffer würzen.

Den Backofen auf 200 °C vorheizen, ein Blech mit Backpapier belegen. Die übrige Butter mit dem Balsamico cremoso verrühren und die Toasts damit bestreichen. Die Pinienkerne aufstreuen und die Toasts im heißen Ofen 3 Minuten vorbacken.

Inzwischen die Birne vierteln, schälen, das Kerngehäuse entfernen und die Viertel in dünne Spalten schneiden. Mit dem Zitronensaft mischen. Den Camembert in dünne Scheiben schneiden.

Die Toasts kurz herausnehmen und den Radicchio, die Birnenspalten und den Camembert darauf verteilen. Die Brote wieder in den Ofen schieben und 5–7 Minuten überbacken, bis der Camembert zu schmelzen beginnt. Heiß servieren und nach Belieben noch etwas Pfeffer darübermahlen.

Toast mit Trauben, Walnüssen und Gorgonzola

Der italienische Blauschimmelkäse wird durchs Erwärmen noch würziger, eine kleine Menge genügt also fürs volle Aroma.

ZUBEREITUNG: 20 MINUTEN
MARINIEREN: 20 MINUTEN (NACH BELIEBEN)
ERGIBT 4 TOASTS

Zutaten

120 g kernlose weiße Trauben
2 EL Cognac (nach Belieben)
10 Walnusshälften | 4 Scheiben Toastbrot
4 TL weiche Butter | 80 g Gorgonzola mit Mascarpone

Die Trauben waschen, halbieren und nach Belieben mit dem Cognac beträufeln. 20 Minuten durchziehen lassen, dann auf Küchenpapier abtropfen lassen.

Den Backofen auf 200 °C vorheizen, ein Blech mit Backpapier belegen. Die Walnüsse grob hacken. Die Toasts mit der Butter bestreichen, mit den Walnüssen bestreuen und im heißen Ofen 3 Minuten vorbacken.

Die Brote kurz herausnehmen und die Trauben und den Gorgonzola in Stückchen darauf verteilen. Die Toasts wieder in den Ofen schieben. 5–7 Minuten überbacken, bis der Käse schmilzt.

▮ VARIANTE: *Statt Gorgonzola darf es auch ein anderer milder Blauschimmelkäse wie* ***Bavaria Blu*** *sein. Wenn Sie Roquefort verwenden möchten, so sollten Sie ihn fein würfeln und mit 1 Esslöffel Mascarpone mischen. Wer es generell milder bevorzugt, überbackt die Traubentoasts mit jungem Gouda.*

Toast Hawaii

Mit gutem Hinterschinken, frischer Ananas und aromatischem Emmentaler schmeckt der 50er-Jahre-Klassiker auch heute.

ZUBEREITUNG: 15 MINUTEN
ERGIBT 4 TOASTS

Zutaten

4 Scheiben frische Ananas
4 Scheiben Toastbrot | 4 TL weiche Butter
4 Scheiben gekochter Schinken
4 Scheiben Emmentaler
Ketchup (nach Belieben)

Den Backofen auf 200 °C vorheizen, ein Backblech mit Backpapier belegen. Die Ananasscheiben sorgfältig schälen und den Strunk herausstanzen oder -schneiden.

Die Toastscheiben mit der Butter bestreichen, auf das Blech geben und im Ofen 3 Minuten vorbacken, dann kurz herausnehmen. Die Toasts mit gekochtem Schinken, Ananasscheiben und Emmentaler belegen und in etwa 5 Minuten im Ofen überbacken, bis der Käse zu schmelzen beginnt.

Die Hawaii-Toasts auf Teller geben und nach Belieben mit etwas Ketchup garnieren.

VARIANTEN: *Ketchup als Bekrönung ist der Kinderliebling unserer Zeit. Für den Klassiker bekrönen Sie die überbackenen Toasts mit einer* ***Cocktailkirsche.*** *Eine weitere Alternative sind* ***Preiselbeeren*** *aus dem Glas.*
In Anlehnung an den Toast Hawaii (von 1956) entstand in den 1960er-Jahren die Karlsbader Schnitte: Dafür ersetzen Sie die Ananas durch ***Pfirsichhälften*** *aus der Dose. Statt Schinken darf auch Salami oder andere Wurst in Scheiben auf den Toast.*

SCHON GEWUSST? *Der Erfinder des Toast Hawaii war* ***Clemens Wilmenrod****; der erste deutsche Fernsehkoch ging 1953 auf Sendung. Das Kuriose dabei: Er war gar kein Koch, sondern Schauspieler (Carl Clemens Hahn, Wilmenrod war ein Pseudonym), und spielte sich mit meist erfundenen Geschichten zur Herkunft seiner Gerichte in die Herzen der weiblichen Zuschauer. Wie viele Quereinsteiger hatte er allerdings auch den Mut zu ungewöhnlichen Kombinationen. Mit dem Toast Hawaii jedenfalls traf er exakt den Zeitgeschmack der 1950er-Jahre. In der sehenswerten Verfilmung seines Lebens von 2009 (mit Jan Josef Liefers in der Titelrolle) wurden sein Aufstieg zum Publikumsliebling und sein tragisches Ende nachgezeichnet.*

Pitabrot mit Würstchen und Krautsalat

Chilischarfer Krautsalat und Würstchen – das macht satt und schmeckt!

ZUBEREITUNG: 25 MINUTEN
MARINIEREN: 1 STUNDE
ERGIBT 4 BROTE

Zutaten

Für den Krautsalat

200 g Spitzkohl | ¼ TL Salz
3 Frühlingszwiebeln
2 Scheiben frische Ananas
1 große rote Chilischote | 2 EL Öl

Für den Knoblauchjoghurt

3 EL Joghurt | 1 EL Öl
1 Knoblauchzehe | Salz

Außerdem

4 Pitabrote (siehe Seite 32)
4 Hotdog-Würstchen

Den Kohl putzen und in feine Streifen hobeln. In einem Sieb kalt abbrausen und gut abtropfen lassen. Mit dem Salz mischen und 1–2 Minuten durchkneten, bis er weich wird.

Die Frühlingszwiebeln putzen, waschen und in feine Ringe schneiden. Die Ananas schälen, vom Strunk befreien und klein würfeln. Die Chilischote längs aufschneiden, die Samen entfernen und die Hälften fein schneiden. Alles unter das Kraut mischen und das Öl unterrühren. Den Salat 1 Stunde zugedeckt durchziehen lassen. Dann eventuell noch ein wenig nachwürzen.

Den Joghurt mit dem Öl glatt rühren. Den Knoblauch schälen und dazupressen. Mit einer Prise Salz abschmecken.

In die Pitabrote eine Tasche schneiden und die Brote bei 100 °C im Backofen erwärmen. Die Würstchen in heißem Wasser erhitzen. Die Brote mit etwas Knoblauchjoghurt ausstreichen. Jedes Brot mit Krautsalat und einem Würstchen füllen und gleich servieren.

▌VARIANTE: *Hotdog-Würstchen sind Brühwürstchen, etwa vergleichbar mit* ***Frankfurter*** *oder* ***Wiener Würstchen.*** *Wer nicht zu den amerikanischen Original-Würstchen aus der Dose oder dem Glas greifen mag, ersetzt sie durch diese. Und wer mag, setzt noch jeweils einen Klecks mittelscharfen Senf auf jedes Würstchen.*

Lammkebap

Orientalisch gewürzte Köfte aus Lammhack bilden die Füllung dieser leckeren Pitabrote.

ZUBEREITUNG: 45 MINUTEN
ERGIBT 2 KEBAPS

Zutaten

Für die Köfte

1 kleine Zwiebel | 1 Knoblauchzehe
½ Bund Petersilie
½ Bund Koriandergrün
300 g Lammhackfleisch | Salz
1 TL gemahlener Kreuzkümmel
½ TL Harissa (Chilipaste)
1 EL Pflanzenöl

Außerdem

einige Blätter Eisbergsalat
1 kleine Karotte
2 Frühlingszwiebeln | 3 EL Schmand
½ TL gemahlener Kreuzkümmel
2 Pitabrote (siehe Seite 32)

Die Zwiebel und den Knoblauch schälen und fein hacken. Petersilie und Koriandergrün waschen und trocken schütteln, die Blätter fein schneiden. Das Lammhack mit Salz, dem Kreuzkümmel und der Harissa würzen, Zwiebel, Knoblauch und Kräuter dazugeben und gut unterkneten. Aus der Masse sechs längliche, flache Köfte formen.

Den Salat in Streifen schneiden, in einem Sieb kalt abbrausen und gut abtropfen lassen. Die Karotte schälen und grob raspeln. Die Frühlingszwiebeln putzen, waschen und in schräge Ringe schneiden. Den Schmand mit dem halben Teelöffel Kreuzkümmel und einer Prise Salz verrühren.

Das Öl in einer Pfanne erhitzen, die Köfte darin von jeder Seite 3–4 Minuten braten, vom Herd nehmen und noch einige Minuten zugedeckt ruhen lassen.

In jedes Pitabrot eine Tasche schneiden und die Brote bei 100 °C im Backofen erwärmen. Mit dem Kreuzkümmelschmand ausstreichen und mit Salatstreifen, Karotte, Frühlingszwiebel und je drei Köfte füllen.

▌SO GELINGT'S AUCH: *Wer keine Pitabrote zur Hand hat, kann stattdessen auch* ***Fladenbrotviertel*** *verwenden. Lammhack ist nicht überall erhältlich (am besten bei türkischen Metzgern oder tiefgefroren im Bioladen), zur Not können Sie auch Rinderhack nehmen.*

Falafel-Sandwich

Im Nahen Osten sind sie zu Hause, die köstlichen Kichererbsenbällchen. Mit Sesamcreme und Salat im Pitabrot – einfach wunderbar!

ZUBEREITUNG: 45 MINUTEN
EINWEICHEN: 12 STUNDEN
ERGIBT 8 SANDWICHES

Zutaten

Für die Falafeln

150 g getrocknete Kichererbsen
1 altbackenes Brötchen | 1 Zwiebel
3 Knoblauchzehen
½ Bund Koriandergrün
½ Bund Petersilie
1 knapper EL gemahlener Kreuzkümmel
1 knapper EL gemahlener Koriander
Salz | Pfeffer
2 EL Mehl
½ Päckchen Backpulver
etwa ¾ l Öl zum Frittieren

Für den Sesam-Dip

5 EL Tahin (Sesampaste) | 250 g Joghurt
1 Knoblauchzehe | Saft von 1 Zitrone
2 EL Olivenöl | Cayennepfeffer | Salz

Außerdem

½ Eisbergsalat | 3 Tomaten
½ Salatgurke
8 Pitabrote (siehe Seite 32)

Die Kichererbsen mindestens 12 Stunden in kaltem Wasser einweichen. Das Wasser abgießen und die Kichererbsen im Blitzhacker fein zerkleinern. Das Brötchen in kaltem Wasser einweichen, ausdrücken und fein zerzupfen.

Zwiebel und Knoblauch schälen und fein hacken. Koriandergrün und Petersilie waschen und trocken schütteln, die Blätter fein hacken. Alles mit den Kichererbsen, dem Brötchen, dem Kreuzkümmel, dem Koriander und je einem Teelöffel Salz und Pfeffer gründlich vermischen. Zum Schluss Mehl und Backpulver mischen und unterkneten.

Aus der Masse 24 walnussgroße Bällchen formen. Das Öl in der Fritteuse (oder einem Topf) erhitzen. Die Falafeln darin portionsweise in 4–5 Minuten braun und knusprig frittieren. Mit einem Schaumlöffel herausheben, auf Küchenpapier abtropfen lassen.

Für die Sesamcreme Tahin, Joghurt, die geschälte Knoblauchzehe, den Zitronensaft, das Olivenöl, vier Esslöffel kaltes Wasser, ½ Teelöffel Cayennepfeffer und eine kräftige Prise Salz fein pürieren.

Den Eisbergsalat in Streifen schneiden, in einem Sieb kalt abbrausen und gut abtropfen lassen. Die Tomaten und die Gurke waschen und in Scheiben schneiden. In jedes Pitabrot eine Tasche schneiden und die Brote bei 100 °C im Backofen (oder im Kontaktgrill) erwärmen. Jedes Brot mit etwas Sesamcreme ausstreichen, mit je drei Falafeln, etwas Salat, Tomatenscheiben und Gurke füllen und servieren.

▮ LÄSST SICH VORBEREITEN: *Die Falafeln zuzubereiten, macht etwas Mühe. Es loht sich also eventuell, gleich die doppelte Menge zu machen und den Rest* ***einzufrieren.*** *Zum Auftauen einfach mit den Pitabroten aufs Blech legen und im Backofen mit erwärmen.*

Fladenbrot mit Grillgemüse und Schafskäse

Bei diesem griechisch inspirierten Riesensandwich kommen Vegetarier voll auf ihre Kosten.

ZUBEREITUNG: 1 STUNDE
ERGIBT 4 SANDWICHES

Zutaten

Für die Schafskäsemischung

120 g Schafskäse (Feta)
1 Knoblauchzehe
4 getrocknete Tomaten (in Öl)
2 EL Olivenöl
½ TL getrockneter Oregano

Für das Grillgemüse

1 kleine Aubergine | 1 Zucchini
1 rote Zwiebel
2 rote Paprikaschoten
etwa 3 EL Olivenöl
Salz | Pfeffer

Außerdem

1 großes rundes Fladenbrot

Den Schafskäse zerbröseln. Den Knoblauch schälen und fein hacken. Die Tomaten abtropfen lassen und fein schneiden. Alles mit dem Öl und dem Oregano mischen und beiseitestellen.

Die Aubergine in dünne Scheiben schneiden, salzen und 10 Minuten Wasser ziehen lassen. Die Zucchini waschen und in schräge Scheiben schneiden. Die Zwiebel schälen und in dicke Scheiben schneiden.

Den Backofen auf 220 °C vorheizen, ein Blech mit Backpapier belegen. Die Paprikaschoten waschen und darauflegen. Den Backofengrill zuschalten und die Schoten im Ofen 8–10 Minuten grillen, bis die Haut schwarze Blasen bekommt. Herausnehmen, mit einem feuchten Tuch abdecken und etwas abkühlen lassen. Dann die Stiele herausziehen, Samen und Scheidewände entfernen und die Schoten häuten. Das Fruchtfleisch in Streifen schneiden.

Eine Grillpfanne erhitzen und die Stege mit Öl einpinseln. Die Auberginen trocken tupfen und in der Pfanne von beiden Seiten braten. Herausnehmen. Die Pfanne wieder ein wenig einölen und die Zucchini braten. Zum Schluss die Zwiebelscheiben braten. Das ganze Gemüse leicht mit Salz und Pfeffer würzen.

Das Fladenbrot vierteln, jeweils eine Tasche einschneiden und die Stücke im Backofen bei 100 °C erwärmen. Die Brote mit dem Gemüse füllen und die Schafskäsemischung darüberstreuen. Zusammendrücken und reinbeißen.

VARIANTE: *Wer es noch saftiger mag, bereitet zusätzlich* ***Zaziki*** *zu und bestreicht die Fladenbrote innen vor dem Füllen damit. Für den Zaziki ½ Salatgurke schälen, längs aufschneiden und das weiche Innere mitsamt den Kernen herauskratzen. Die Gurkenhälften grob raspeln, salzen und Wasser ziehen lassen. 200 Gramm griechischen Joghurt (10 Prozent Fett, ersatzweise eine Mischung aus halb Joghurt, halb Schmand) mit 1 Esslöffel Olivenöl glatt rühren. 2 Knoblauchzehen schälen und dazupressen. Die Gurkenraspel gut ausdrücken und unterrühren, mit Salz und Pfeffer abschmecken.*

Focaccia mit Auberginen und Mozzarella

Im Kontaktgrill bekommt die Focaccia die appetitlich goldbraunen Grillstreifen – außen knusprig, innen saftig!

ZUBEREITUNG: 25 MINUTEN
ERGIBT 2 STÜCKE

Zutaten

1 kleine Aubergine | Salz
1 Tomate | 1 Kugel Mozzarella (125 g)
2 Stängel Basilikum | etwa 4 EL Olivenöl
2 Stücke Focaccia
(zusammen etwa 250 g)
2 EL frisch geriebener Parmesan
Pfeffer

Die Aubergine waschen, in Scheiben schneiden, salzen und 10 Minuten Wasser ziehen lassen.

Inzwischen die Tomate waschen, quer halbieren, die Samen entfernen und die Hälften klein würfeln, dabei den Stielansatz entfernen. Die Tomatenwürfel auf Küchenpapier abtropfen lassen. Den Mozzarella in dünne Scheiben schneiden. Die Basilikumblätter abzupfen.

Eine Grillpfanne erhitzen, die Stege jeweils mit etwas Öl einpinseln. Die Auberginenscheiben trocken tupfen und von beiden Seiten jeweils etwa 2 Minuten in der Pfanne braten.

Den Kontaktgrill vorheizen. Die Focaccia-Stücke so aufschneiden, dass sie an einer Seite noch zusammenhalten. Innen jeweils mit einem Esslöffel Olivenöl beträufeln. Mit den Auberginenscheiben, Tomatenwürfelchen und Mozzarellascheiben füllen, Basilikumblätter und jeweils einen Esslöffel Parmesan über die Füllung streuen und leicht pfeffern. Die Brote zusammendrücken und im Kontaktgrill 5–6 Minuten grillen, bis die Focaccia goldbraun und der Mozzarella im Inneren geschmolzen ist. Sofort heiß servieren.

▌TIPP: *Für diese Knusperbrote eignet sich vakuumverpackte Focaccia zum Fertigbacken ganz ausgezeichnet! Gar nicht erst im Backofen aufbacken, sondern gleich füllen und grillen –* ***gelingt perfekt!***

Vollkornbrot mit Rührei und Räucheraal

Frisch geräuchert bekommt man den Aal meist nur an der Küste. Im Binnenland können Sie ihn auch durch Räucherforelle ersetzen.

ZUBEREITUNG: 20 MINUTEN
ERGIBT 2 BROTE

Zutaten

1 kleine Zwiebel | 1 Tomate | 3 Eier
Salz | Pfeffer | 3 TL Butter
100 g Räucheraal
2 Scheiben Vollkornbrot
4 Salatblätter
1 EL Schnittlauchröllchen
2–4 Blätter Novita oder Lollo bianco

Die Zwiebel schälen und fein hacken. Die Tomate waschen, quer halbieren, die Samen entfernen und die Hälften klein würfeln, den Stielansatz dabei entfernen. Die Tomatenwürfel auf Küchenpapier abtropfen lassen. Die Eier in einer Schüssel mit je einer Prise Salz und Pfeffer verrühren.

In einer kleinen Pfanne einen Teelöffel Butter schmelzen und die Zwiebel darin glasig anbraten. Die Tomatenwürfelchen hinzufügen, die Eier darübergießen und bei schwacher Hitze stocken lassen. Vom Herd nehmen.

Den Räucheraal in mundgerechte Stücke schneiden, auf das Rührei legen und zugedeckt einige Minuten erwärmen.

Die Vollkornbrote mit der übrigen Butter bestreichen. Die Salatblätter waschen, trocken tupfen und darauflegen. Rührei und Aalstücke darauf anrichten und mit den Schnittlauchröllchen bestreut servieren.

VARIANTEN: *Statt Räucheraal schmecken auch* ***Räucherforelle oder Räuchermakrele*** *zum Rührei (einfach in Stücke zupfen und mit oder anstatt der Tomatenwürfel unter das fast fertige Rührei geben und einige Minuten zugedeckt erwärmen).*

Für ***Vollkornbrot mit Krabbenrührei***
100 Gramm gegarte Tiefseegarnelen mit Küchenpapier trocken tupfen. 1 Schalotte schälen und fein hacken. 1 Stängel Dill waschen und trocken schütteln, die Spitzen abzupfen und fein hacken. Die Schalotte in 1 Teelöffel Butter glasig anbraten. Die Garnelen hinzufügen und 1 Minute mitbraten. Die verschlagenen Eier darübergießen und unter Rühren stocken lassen. Die Brote wie beschrieben mit Butter bestreichen und nach Belieben mit gewaschenen Salatblättern belegen. Das Krabbenrührei darauf anrichten und mit dem Dill bestreuen.

Sandwich mit gegrillten Zucchini und Lachsfilet

Frische Knoblauchmayonnaise gibt dem Lachsbrötchen den ultimativen Geschmackskick.

ZUBEREITUNG: 30 MINUTEN
ERGIBT 4 SANDWICHES

Zutaten

Für die Knoblauchmayonnaise

2 junge Knoblauchzehen | Salz
1 Ei | 1 Eigelb | 125 ml neutrales Öl
Saft und abgeriebene Schale von
1 unbehandelten Zitrone | Zucker

Außerdem

400 g frisches Lachsfilet
2 kleine Zucchini
2 EL Öl | Pfeffer (nach Belieben)
4 Krustis oder große Baguettebrötchen

Für die Knoblauchmayonnaise den Knoblauch schälen. Mit einer kräftigen Prise Salz, dem Ei und dem Eigelb im Mixer (oder in einem hohen Aufschlaggefäß mit dem Pürierstab) 3 Minuten schaumig aufschlagen. Das Öl erst tröpfchenweise, dann in dünnem Strahl untermixen. Zitronensaft und -schale und eine Prise Zucker unterrühren.

Das Lachsfilet kalt abwaschen, abtrocknen und in Stücke schneiden. Die Zucchini waschen und in dünne Längsscheiben schneiden.

Eine Grillpfanne erhitzen und die Stege einölen. Erst die Zucchinischeiben darin von beiden Seiten braten, salzen und herausnehmen. Dann die Lachsstücke darin von beiden Seiten knapp gar braten, sodass noch ein leicht rosiger Kern erkennbar ist. Vom Herd nehmen und nach Belieben pfeffern.

Die Brötchen aufschneiden und alle Hälften mit Knoblauchmayonnaise bestreichen. Die unteren Hälften mit Zucchini und Lachs belegen. Mit den oberen Brötchenhälften abdecken und die Sandwiches sofort warm servieren.

▮ TIPP: *Achten Sie bei den Eiern für die Mayonnaise unbedingt auf absolute Frische und verbrauchen Sie die Knoblauchmayonnaise möglichst am gleichen Tag! Wenn es schnell gehen muss, können Sie auch auf ein Fertigprodukt aus dem Glas zurückgreifen und die Mayonnaise mit* ***Knoblauch*** *und* ***Zitrone*** *verfeinern.*

Rumpsteak-Sandwich

Ein perfekt gebratenes Stück Rindfleisch auf Ciabattabrot mit würziger Butter – ein Sattmacher deluxe.

ZUBEREITUNG: 20 MINUTEN
ERGIBT 2 SANDWICHES

Zutaten

2 kleine Rumpsteaks (je 140 g)
Salz | Pfeffer | 1 EL Öl
2 kleine Ciabattabrote
1 Handvoll kleine Salatblätter
1 Tomate | ½ gelbe Paprikaschote
1 Portion Sardellen-Kapern-Butter (siehe Seite 35)

Den Backofen auf 100 °C vorheizen. Die Steaks mit Salz und grob gemahlenem Pfeffer würzen. Eine Grillpfanne erhitzen, die Stege mit Öl einpinseln und die Steaks darin von jeder Seite 2 Minuten braten. In eine ofenfeste Form geben und im Backofen 10 Minuten nachgaren lassen. In den letzten 5 Minuten die Brote zum Aufwärmen mit in den Backofen legen.

Inzwischen den Salat waschen und gut abtropfen lassen. Die Tomate waschen, vom Stielansatz befreien und in Scheiben schneiden, auf Küchenpapier abtropfen lassen. Die Paprikahälfte von Samen und Scheidewänden befreien, waschen und in Streifen schneiden.

Die Brote aufschneiden, alle Hälften mit der Sardellen-Kapern-Butter bestreichen. Die unteren Hälften mit Salat und Paprikastreifen belegen, je ein Steak daraufsetzen. Mit den abgetropften Tomatenscheiben belegen und mit den oberen Brothälften abdecken.

VARIANTE: *Für eine* ***vegetarische Variante*** *den Backofen auf 200 °C vorheizen.* **4 Riesenchampignons** *putzen und trocken abreiben, die Stiele herausdrehen und fein hacken. Mit einer Portion Tomaten-Rucola-Butter (siehe Seite 35) verrühren und die Pilzkappen damit füllen. Die Pilze in einer ofenfesten Form im Backofen 10–12 Minuten backen. Die Brote mit Salat und den leicht abgekühlten Pilzen füllen.*

SCHON GEWUSST? *Rumpsteaks werden aus dem flachen Teil der* ***Rinderlende*** *geschnitten. Sie sind idealerweise zart marmoriert und besitzen eine dünne Fettschicht. Schneiden Sie diese vor dem Braten mehrfach ein und stellen Sie das Steak in der Pfanne zwischendurch für 1 Minute aufrecht in die Pfanne (dabei mit einer Zange festhalten!), damit das Fett schön ausbrät und der Rand des Steaks knusprig wird. Rumpsteaks schmecken im Allgemeinen aromatischer als Filetsteaks. Wer aber besonders zartes, fettarmes Fleisch bevorzugt, kann sie dadurch ersetzen.*

French Toast mit Orange und Ingwer

Der Ingwer verleiht den ausgebackenen Toasts eine feine Schärfe, die Orange steuert fruchtige Frische bei.

ZUBEREITUNG: 30 MINUTEN
ERGIBT 4 TOASTS

Zutaten

1 unbehandelte Orange
1 Stück Ingwer (etwa 3 cm)
3 Eier | 2 EL Zucker | Salz
8 Scheiben altbackenes Toastbrot
2 EL Butterschmalz
2 EL Mandelblättchen

Die Orange heiß abwaschen und abtrocknen, die Schale mit einem Zestenreißer in feinen Streifen abziehen. Den Saft auspressen. Den Ingwer schälen und fein reiben.

Die Eier mit dem Zucker, dem Ingwer und einer Prise Salz verquirlen, Orangensaft und -schale unterrühren. Die Toasts in eine Schale legen, mit der Mischung übergießen und 10 Minuten durchziehen lassen.

Den Backofen auf 180 °C vorheizen, ein Blech mit Backpapier belegen. Jeweils einen Esslöffel Butterschmalz in einer Pfanne zerlassen, und die Toasts darin in zwei Portionen von jeder Seite 2 Minuten braten. Auf das Blech legen, mit den Mandelblättchen bestreuen und im heißen Ofen in 6–8 Minuten knusprig backen.

▮ VARIANTE: *Die hier beschriebenen French Toasts sind eine Edelvariante, die Sie Ihren Gästen beim Brunch oder – mit einem Tupfer Vanillesahne – als Dessert zum Kaffee reichen können. Das Grundrezept gleicht unseren* **Armen Rittern:** *Dabei wird in Scheiben geschnittenes altbackenes Weißbrot in einer Mischung aus Eiern, Milch und Zucker gewendet, in Butterschmalz ausgebacken und mit Zimtzucker bestreut. In Frankreich verwendet man dafür auch gerne Brioches vom Vortag.*

Register